昭和女子大学女性文化研究叢書　第11集

ダイバーシティと女性
―― 新しいリーダーシップを創る ――

昭和女子大学女性文化研究所編

御茶の水書房

刊行に寄せて

昭和女子大学理事長・総長　坂東眞理子

　1920年まだ女性に参政権も認められず、家制度の下で男性と平等な女性の人権が認められていなかった時期に創設された昭和女子大学は100年を経て多くの日本の社会的課題、地球的課題を解決する当事者として能力を発揮する女性を教育する機関として成長してきました。具体的にどのような教育がリーダーシップの養成に資するか、一人ひとりの学生の将来の豊かな人生につながるか、研究すべき課題は多数あります。

　少子高齢化、人口減による労働力不足・人材不足の中で様々な職場において女性の採用、登用は進んでいます。しかしまだまだ先進各国のみならず、多くの途上国と比較しても日本の女性の経済面、政治面での地位は低く、能力の活用は進んでいません。この状況を変えるために法律や制度も整備されつつありますが、社会や職場での女性の活躍は十分とはいえません。また女性自身の活躍を進めるためにも女性自身のリーダーシップの養成が喫緊の課題です。それは創立100年を迎える昭和女子大学にとっても大きな課題であり、挑戦です。

　昭和女子大学女性文化研究所は1986年5月に設立され今日まで人文科学系、社会科学系まで幅広い分野を網羅した研究や公開講座を行ってきました。定例研究会は166回を数え、紀要は毎年発行し、2019年3月には第46号を発行しています。こうした活動を通して若い研究者を育成し、現在の社会を女性文化の視点から分析する研究実績を積み上げてきました。その一環として女性文化研究叢書は1991年に第1集を刊行し、その後2、3年ごとに刊行してきましたが、この度女性文化研究叢書第11集『ダイバーシティと女性──新しいリーダーシップを創る──』を刊行することになりました。

　女性文化研究叢書は第8集『女性と情報』、第9集『女性と家族』、第10集『女性とキャリアデザイン』と刊行してきましたが、キャリア教育の次のステップとして職場での活躍を見据えて、第11集として『ダイバーシティ

と女性』を刊行することとなりました。ダイバーシティすなわち多様性はいろいろな分野で使われる概念ですが、日本において2010年代からは企業経営の分野で語られることが多くなってきました。アメリカにおいては公民権法第7編（1964年, Title Ⅶ of the Civil Rights Act）で人種、国籍、民族、性、年齢、宗教、障害の有無にかかわらず職場におけるあらゆる差別が禁止されました。もともとこの法律は黒人解放運動に対応して制定されたこともあり、人種をはじめあらゆるマイノリティに対する差別の撤廃を目指しており、ジェンダーはそのうちの一つの項目です。日本では近年は外国人や障碍者への差別、性的志向・性的自認の多様性を加えるという方向も出てきましたが、ダイバーシティは女性への差別撤廃、活躍推進の文脈で語られてきました。

「女性活躍推進法」が制定され職場においても女性の管理職の数を増やす、2020年までに30％を目指すとされてきましたが、それが経営にどのような意味を持つのかは十分に議論されてきませんでした。

ダイバーシティ経営の定義として経済産業省は「多様な人材を活かし、その能力が最大限発揮できる機会を提供することで、イノベーションを生み出し、価値創造につなげている経営」と定義しています。それは企業経営だけではなく、行政、大学の経営と教育、議会の議員、学界のメンバーと役員など様々な分野に及ぶ概念です。差別撤廃・人権尊重という観点だけでなく、ダイバーシティによってイノベーションを生み出し、価値創造につなげるという視点が提起されていることが特徴となっています。

本叢書はダイバーシティ経営と女性のリーダーシップ育成の2部構成としています。第Ⅰ部はダイバーシティ経営の多様な要因のうち女性に焦点を当てて論じています。企業経営に関わる産学連携研究会の調査、グッドプラクティス企業における女性社員へのインタビュー、女性社員の意識との満足度、福祉現場における管理職、などについて様々な論点の論文からなっています。第Ⅱ部はダイバーシティ経営を推進していくうえで不可欠な女性のリーダーシップ育成の課題を論じています。女性農業者、大学におけるリーダーシップ開発と実務経験教員の果たす役割、リーダーズアカデミーと名付けたオナーズクラスにおける取り組み、フランスにおける女性の進出に関する論文

を収めています。
　この叢書に収められた論文はそれぞれの課題に新しい光を当てています。創立100周年に向けて、女性文化研究所を中心にこれから目指すべき女性教育の方向性に関する諸研究がスタートする予定です。この叢書がそうした試みの第一歩として問題提起できることを期待しています。

目　次

刊行によせて .... 坂東眞理子...i

総論　ダイバーシティと女性
　　　　——リーダーシップの新しいスタイルを求めて—— ..... 坂東眞理子...3

　1. はじめに　3
　2. 同質性から多様性へ　4
　3. 女性のリーダーシップ　5
　4. リーダーシップの類型　7
　5. 昭和女子大学における教育　8
　6. 女子大学におけるリーダーシップ教育　10
　7. 女性リーダーのスタイル　11
　8. 女性は世界を変える　12
　9. 次の100年に向けて——新たな挑戦——　14

第Ⅰ部　ダイバーシティ経営と女性のリーダーシップ

第1章　企業におけるダイバーシティ経営の推進と
　　　　女性のキャリア形成 .... 森ます美...19

　1. ダイバーシティ経営の進展と「本研究」の視点　19
　2. 「ダイバーシティ経営」と「女性のキャリア形成」の定義　21
　3. 企業の社員の目線から「ダイバーシティ経営」を捉える
　　　——「ダイバーシティ経営の推進と女性のキャリア形成に関する調査」——　22
　4. 「ダイバーシティ経営」のイメージとその推進に必要な施策　27
　5. 女性のキャリア形成に必要な教育・研修　31
　6. 女性の活躍推進のための施策——社員はこう捉えている——　32
　7. 「ダイバーシティ経営」のプラスの影響・マイナスの影響　37
　8. 社員の仕事観・キャリア観と満足度　40
　9. 「ダイバーシティ経営」における「女性のキャリア形成」の課題　44

第2章　ダイバーシティ経営における女性の活躍と
リーダーシップ──グッド・プラクティス企業と女性社員への
インタビューから── .... 伊藤純・斎藤悦子 ...49

1. はじめに　49
2. グッド・プラクティス企業選出の目的および選出方法　49
3. グッド・プラクティス企業選出結果　51
4. グッド・プラクティス企業のダイバーシティ推進専属部署担当者への
   インタビュー　56
5. グッド・プラクティス企業が考える「活躍する女性社員」に対するインタビュー　60
6. まとめおよび提言　66

第3章　女性活躍推進の取り組みが
社員の意識と満足度に与える影響
.... 小森亜紀子・大橋重子 ...69

1. 問題意識　69
2. 企業の女性活躍推進の取り組みと社員の意識　71
3. 調査における女性社員の満足度　78
4. 女性社員の仕事や生活満足度を規定する要因　82
5. まとめ　84

第4章　福祉現場におけるダイバーシティ・マネジメントと
リーダーシップ──先進事例からの考察──
.... 北本佳子 ...87

1. はじめに　87
2. 研究の背景と意義　88
3. ダイバーシティ・マネジメントとリーダーシップに関する調査の概要と結果　90
4. 考察　100
5. 今後の課題──ダイバーシティ・マネジメントとリーダーシップ研究の課題──　103

第5章　少数派メンバーのリーダーシップが組織にもたらす影響
　　　——女性リーダーは組織を変えるか——..........本多ハワード素子...109

1. はじめに　109
2. 少数派の定義　110
3. リーダーシップの定義　110
4. リーダーシップとマネジメント　112
5. 少数派のリーダーシップ　114
6. 少数派メンバーによるリーダーシップが困難な理由　116
7. 少数派のリーダーシップは集団に何をもたらすか　120
8. 集団の公正さ　121
9. 少数派によるリーダーシップの実現　123

第Ⅱ部　女性のリーダーシップ育成の課題

第6章　女性農業者のリーダーシップ形成と
　　　地位向上に向けた取り組み..................................粕谷美砂子...131

1. はじめに　131
2. リーダーシップの視点でみる農村における女性農業者の地位向上のプロセス　133
3. 女性農業者のリーダーシップに関する事例　135
4. おわりに——女性農業者のリーダーシップと次世代育成への課題　145

第7章　女子大学のリーダーシップ開発における
　　　実務経験教員の役割...今井章子...151

1. はじめに　151
2. リーダーシップ論の変遷　151
3. リーダーシップ学習に対する卒業生の意識　153
4. リーダーシップ開発における実務経験教員の役割　158
5. おわりに　161

第8章　女性リーダーの資質とその育成
——昭和女子大学・リーダーズアカデミーの実践と課題——　**友野清文** …165

1. はじめに　165
2. 先行研究について　165
3. リーダーズアカデミーの活動と運営の概要　167
4. グループ・プロジェクト活動の事例　168
5. 学生の学び——修了レポートの分析——　171
6. 結び——リーダーズの成果と課題——　174

第9章　フランス社会の指導的立場への女性の進出
——エリート教育を受ける女性の増加——　**吉川佳英子** …177

1. はじめに　177
2. フランスにおけるエリート教育　178
3. フランス社会の指導的立場へ　184
4. おわりに　189

編集後記 ……………………………………………………………………… 191

執筆者紹介 …………………………………………………………………… 196

昭和女子大学女性文化研究叢書　第 11 集

ダイバーシティと女性
―― 新しいリーダーシップを創る ――

総論　ダイバーシティと女性
―― リーダーシップの新しいスタイルを求めて ――

坂東眞理子

1. はじめに

　1985年の男女雇用機会均等法の制定とその後の改正強化、1991年の育児休業法の制定とその後6次にわたる改正強化、1999年の男女共同参画社会基本法、2015年の女性活躍推進法、そして2018年の政治分野における男女共同参画の推進に関する法律が制定され、女性の活躍が日本の社会経済の再活性化において不可欠との認識が広まっている。

　このような法律制度の整備、女性活躍に対する期待にもかかわらず、企業において、教育界において、政治や医療の場において、社会の多くの分野において女性に対する差別が残存しており、女性管理職、女性議員は少数にとどまっている。

　その典型的な女性に対する差別が2018年においても根強いことが明らかになったのが私立医大の入試において女子受験生に対して減点し、合格者を3割前後に調整していた事例である。このような明確且つ組織的に女子合格者を抑えようという例は少ないにしても、ほかの私立大学医学部、民間企業の採用においても「成績順に取ると女性が多くなりすぎる」から男性にゲタをはかせることは広く行われているといわれる。

　就業率は伸びたにもかかわらず、いまだに女性たちは職場で管理的な地位に就く割合は低く、非正社員のような不安定な雇用上の地位にあり、給与・収入の点でも男性と大きな格差がある。政治や教育の分野でも議員や校長、教授など指導的地位にある女性の割合は低い。

　一方で男女とも非婚率は上昇し、離婚率も上がり、20世紀のような安定

した皆婚社会とは様変わりしている。出生率は低迷を続けて総人口、生産年齢人口は減少している。平均寿命は男性81.09歳、女性は87.26歳（厚生労働省「平成29年簡易生命表」）となり、高齢者の数と割合は増大し、年金、医療、介護を支える社会保障制度の持続性に懸念が増している。

　グローバル化、情報化が進む中で日本の経済は全体として停滞し、雇用は劣化し格差は拡大から固定化に進もうとしている。また農林業の担い手不足により、耕作放棄地、手入れ不足の森林などが増え、地球温暖化の影響か気候不順による災害は増えている。

　このような様々な社会的課題を抱えた日本において今後女性たちはどのような人生を生き、社会でどのような役割を果たすのか。大学教育の場で女性のどのような資質を伸ばすべきなのか、今後身につけるべき知識、スキル、教養はどのようなものか、総合的に検討することは次世代の女性を教育する女子大学が直面する重要な課題である。

2. 同質性から多様性へ

　21世紀の日本社会において高齢化、少子化、労働力人口、そして総人口が減少する中で、ダイバーシティ＆インクルージョンを進めていくことが日本のあらゆる場で不可欠になっている。

　20世紀後半の製造業が日本経済をけん引して成長していた時期は、家事や育児や介護を担ってくれる妻を持つ健康な男性が生産を担い、同質な製品を大量に低い価格で供給する生産活動を基本として社会の諸制度が設計されていた。ジャパン・アズ・ナンバーワンともてはやされていた当時は同質性が日本の社会や組織の強みとされていた。

　しかし21世紀において、サービスや情報にかかわる産業が主流となり、より個別のニーズに対応した多様性が求められるようになってきた。労働力が足りないから多様な人に働いてもらうだけではなく、多様な対応や発想を求められるから多様な人々の参画が必要とされる時代になりつつある。

　ことばを変えていえば、女性、高齢者、障害者、LGBTsそして外国の人

たちを差別せず社会の一員として包摂することは、人権的な見地から重要な課題である。しかしそれだけでなく、多様な人々を差別しないことを前提として、多様な個人個人の持てる能力や特性を十分に発揮し活用していくことが経済や社会の発展に不可欠となっている。人間の能力、資質は大学入学時の成績による出身校で判断されるのでなく、大学で、社会に出た後、どのような知識・学力・スキルを身につけ、多様な経験を積んで必要な変革をもたらす力を身につけているかによって評価されるべきである。

今後の加速度的に進展する予測できない複雑な状況に対応するためにも多様な人々の能力の発揮が求められる。なかでも女性は従来男性的な働き方が主流の職場で異質な存在として排除されるか、受け入れてもらうために男性的価値観や働き方に適応することを求められてきた。しかし今後は女性はそれぞれの個人の適性や特性・能力を発揮するのみならず、リーダーとして新しい対応を提示することが期待されている。

新しい時代におけるリーダーは多様化が進む集団の構成員が納得できる方向性を示し、多様な成員の能力を発揮させる機能が期待される。

3. 女性のリーダーシップ

それではダイバーシティが進む中で期待される女性のリーダーシップとは何か。それは従来の男性のリーダーシップとどこが違い、どこは共通するのであろうか。

その際に想起されるのは、第一次安倍内閣（2006年―2007年）発足に先立ちいわゆるジェンダーバッシングといわれた動きである。当時、男女共同参画は男らしさ、女らしさを否定し、家庭や伝統を破壊するという言説を一部の政治家が主張した。それに対して当時男女共同参画局としては女性の特性とされる資質の中には他者への共感、優しさ、穏やかさ、こまやかさ、弱い者に対する思いやり、忍耐強さ、言語コミュニケーションが巧み、のような好ましい特性もあるが、決断力が乏しい、責任を回避する、失敗を引きずる、相手の感情を気にしすぎるなどの好ましくない傾向もある。同様に男らしさ

とされる特性には、勇気がある、決断力がある、瞬発力があるなどの好ましいものとともに、粗暴である、競争的である、持続性が乏しい、コミュニケーションが不得意などの弱点もある。男女共同参画は好ましい女らしさ、男らしさを否定するのでなく、それぞれの好ましい特性は尊重して伸ばし、好ましくない特性は是正していくものであるとしていた（内閣府男女共同参画局資料「男女共同参画の視点からの公的広報の手引」2003）。

　そして優れた男性は決断力や責任感があるだけでなく、相手に対する思いやりや忍耐強さなどの女らしさとされてきた特性も備えている。同様に優れた女性は優しい、こまやか、忍耐強いだけでなく、決断力や責任感も備えている。そして男女は平均値では差があるにしても、個人個人の差は大きく、一概に女性だからこういう特性を備えている、男性だからこうした特性があると決めつけてはならないとしていた。

　最近では人間の多様な資質を女性的、男性的と2分類することの過ちが指摘され、多くの資質が濃淡はあるにしても男性にも女性にも共有されているとの認識が進んでおり、生物的な性と自認する性が異なる人の存在も認知されている。『＜女神的＞リーダーシップ』（ジョン・ガーズマ他　2013）によれば、13か国64,000人の被調査者に125の資質を提示し、それぞれを「男性的」「女性的」「どちらでもない」のいずれかに分類した調査が紹介されている。積極的、強い、勇敢、負けず嫌い、根性がある、自己主張が強い、モチベーションが高い、野心的、論理的など40の資質が「男性的」とされ、協力的、親切、順応性がある、共感力がある、直感的、感覚的、チームプレイヤー、面倒見がよい、利他的、謙虚、表現力豊か、聞き上手など68の資質が「女性的」とされている。また、個性的、知的、率直など13の資質は「どちらともいえない」とされている。

　従来は強い、勇気がある、論理的でモチベーションが高い男性的資質がリーダーとしての適性をもつとされてきたが、それは現在大きく変化し、女性的とされる資質もリーダーにとり重要なことが認識されてきている。

4. リーダーシップの類型

　女性のリーダーシップについて論じる場合は、リーダーシップの定義、あり方について検討するとともに、男性のリーダーシップと女性のそれはどこが違うのかを明らかにする必要がある。

　リーダーシップ論は政治学、社会学、経営学の分野で多くの説が唱えられてきた。かつては個人の属性からリーダーを定義することが多かったが、本書第7章にあるように1970年代以降リーダーシップを機能としてとらえ、フォロワーとの関係、課題との関係で理論付けが行われている。

　同じく第8章でも触れられているとおり、リーダーシップの類型としてK. レヴィンの「専制型」「民主型」「放任型」の3類型やD. ゴールマンの「ビジョンリーダーシップ」「コーチングリーダーシップ」「民主的リーダーシップ」「仲良しリーダーシップ」「実力リーダーシップ」「指示命令リーダーシップ」の6類型など様々なスタイルがある。これはいずれもジェンダーの視点を考慮しておらず、女性においても専制型、指示命令型のリーダーも存在するであろうが多くは男性リーダーのスタイルを類型化しているものと想定される。そして多くの女性、特に女子学生はこうしたリーダーのスタイルを自分と異質なものとして認識し、自分の目標、手本として捉えていない。

　その中で近年提示されている様々なリーダーシップ論の中でグリーンリーフは『サーバントリーダーシップ』（2008）の中で奉仕する指導者像を示している。奉仕する指導者が最優先するのは所属する集団とそのメンバーの成長と、幸福である。伝統的なリーダーシップはピラミッドの頂点にいるトップによって権力の集中と行使を行うスタイルだったがそれとは異なり、権力を分権し、メンバーの成長を第一に考えその能力を最大限発揮させようとする。このようなリーダーシップスタイルは女性により親和性があるとされるが検証が必要であり、さらにそれが社会における多くの課題を解決するのに効果を発揮するか、社会、特に男性からも受け入れられるか、今後の研究が必要である。

これは筆者の限られた経験だが昭和女子大学のリーダーズアカデミー（本書第8章参照）に参加した学生たちの多くは最初「自分はリーダーという柄ではない」「リーダーになろうとは思っていない」といっていたが、その多くが想定しているリーダーシップスタイルは専制型、指示命令型であると思われる。半年余りのグループの目標を達するまでの課題に取り組む行動を通じて、"Learning leadership""Inclusive leadership" という新しいスタイルのリーダーシップを発見する場合が多かった。

　もちろん個人差はあるが、多くの若い女性にとって専制型、指揮命令型のリーダーシップではない新しいスタイルのリーダー像の提示が必要である。女子学生達により身近で到達可能な、また好ましい女性のリーダー像を提示し、そのために必要な資質、能力、知識、経験を示し、それを涵養する機会を与えることが、女子大学の大きな役割だと考えられる。

5. 昭和女子大学における教育

　昭和女子大学では在学中に身につけてほしい力として「夢を実現する7つの力」を挙げている。筆者は学長に就任以来「言われたことを言われたとおりにするのはロボットのほうが上手にできる。言われたこともできないのは論外だが、人間は言われていないことを自分で考えて提案し、行動する力を身につけなければならない」と言い続けてきた。

　学部レベルの勉学では、リベラルアーツ系の学科はもちろん、資格系の学科であったとしても、知識を身に着ければそのまま職業人として自立できるわけではない。資格はあくまで社会に参入するための必要条件であり、それを活用して更に研鑽と経験を重ねることが必要である。

　体系的に専門分野を学ぶことは、知的訓練として、また今後学び続けるためのノウハウや習慣を身につけるという意味で重要であるが、将来専門的な研究者になるのは学部学生のうちの数パーセントに過ぎない。しかし、知らない事象について好奇心を持って学び、知識をもとに自分で考え自分で調べる（人に聞く）習慣は、あらゆる職業や人生の各ステージにおいて重要な能

力である。

　同時に社会人として良識ある行動ができる、チームワークを取ることができることも専門分野を学ぶことに劣らず重要である。社会規範やルールにとらわれ過ぎてはいけないが、それをわきまえたうえで自律的に行動できる。チームのメンバーとして協力し、支え、時にはリードする力―リーダーシップ―を持ち、時には、チームの一員としてリーダーを盛り立てるフォロワーシップを持つことも重要である。そのためには相手の意図を理解し、受け止めたうえで自らの意見を相手に伝わるように伝えるコミュニケーション力が不可欠である。

　そうした力はどのように身につくのであろうか。これも経験から、私は教室で一方的に知識を注ぎこむだけでなく、学生たちが自分で何かを成し遂げる成功体験が効果的だと考える。昭和女子大学では、現在も企業、地方自治体、地域団体などと協力して毎年100を超えるプロジェクトを実施している。具体的なプロジェクトの目標を達成するため自分に足りない知識を補い、周囲と協力し、挫折に負けず最後までやり遂げる経験は学生たちの自己肯定感、自己効力感を高め、意欲的な行動につながる（宮脇他　2018）。

　このような教育は社会の各場面、特に職場で活躍していくうえで必要な能力を養うものではあるが、リーダーシップを養成することを目指したものではない結果としてリーダー教育となっている。私たちは昭和女子大学の学生に指示命令に素直に従うだけでなく、自分で考え自分で目標を設定し、最後までやり抜く力を備えるように指導している。こうした教育を女性のリーダーシップ教育と言い切ってよいのであろうか。

　また昭和女子大学はキャリア教育をグローバル教育と並ぶ2大特徴としている。キャリア教育は女性が就活・就職に成功し、将来管理職や経営陣に昇進することを目標に行っているのではなく、女性が自分の人生に責任を持ち、自分の人生の設計者・責任者になることを目指している。女性が結婚、出産、育児などのライフイベントを乗り越え、活用して社会から必要とされ、社会を支えるキャリアを積み重ねるにはどのような戦略が必要か、課題に対応し考える力、行動する力を与えることを目指している。それは自分自身だけが

充実した人生を送るためだけではなく、日本や世界を少しでも良く変えることにつながる力を女性自身が身につけることになっていくと期待される。

6. 女子大学におけるリーダーシップ教育

筆者は当初現代における女子大学の大きな役割は、まだ日本の職場も、家庭も固定的な性別役割分担意識が残り、医大入試に見られるような女性に対する差別意識・行動がある社会で女性がそのような障害・困難について前もって知り、それに直面してもたじろがず克服する用意をすることと考えていた。しかし最近、障害・困難を乗り越えるだけではなく、いかに自らの力を認識し、それを更に開発し、女性だから、自分だからできる強みをもち、それを発揮することが重要であり、それによって自分も充実した人生を送り、社会に貢献するにはどうすればよいか考えることも併せて女子大学の重要な役割なのではないかと考えるようになった。

よく知られているようにアメリカにおいてさえ女性たちは男女共学の教室では発言する機会やリーダーシップをとる機会に恵まれず、自己肯定感や、自己効力感が持ちにくいといわれる。魅力的な女性であることを男子学生、教員から期待され無意識にそれに適応することも多いからである。

それに対し女子大学では男子学生の意向を気にすることなく、のびのびとふるまえる、リーダー的立場を経験することができる、何もかも女性が行うので自立心が養われる、女子教員の数も多く役職についている割合も高いので身近なロールモデルとなる、などと指摘されてきた。しかしその一方で現実の世界では男性と女性の双方がいる。その中でリーダーシップをとることができる力を身につけるためには共学のほうが良いという批判もある。

日本においてもお茶の水女子大学（グローバル女性リーダーの養成）や日本女子大学・津田塾大学などの女子大学が女性リーダーの養成をうたっているが、目標とするリーダー像が男性リーダーと同じならば、女子大学の存在意義は乏しい。共学の大学ではジェンダーの視点のない一般的なリーダーシップ、実は男性を基準としたリーダーシップが議論されがちだが、女性に焦点

をあて女性としてのリーダーシップとは何か、それをどう涵養し、発揮していくかを考えるのが女子大学の役割である。

7. 女性リーダーのスタイル

それでは改めて女性リーダーの特性について検討してみよう。

先の類型のなかで民主的、仲良し型、あるいはサーバントリーダーシップのようなリーダーシップのスタイルは女性に親和性が高いと述べた。職場におけるリーダー的な立場にある女性に関する本書第2章では、ダイバーシティ経営を進めている企業においては「女性がその強みを発揮しやすくなった」「キャリアの選択肢が広がった」「前向きに働けるようになった」などの評価がある。具体的な仕事の進め方は「チームの人にお願いをしてやってもらう」「自分でやってしまわないでやってもらってから修正する」「みんなで一緒に頑張っていこうね」というものが多く、自分が先頭に立って引っ張るというスタイルを否定している。これはもちろん個人差はあるが、女性リーダーにかなり共通するスタイルである。権力や権威をふりかざさず、メンバーの意見を聞き、状況に配慮することはダイバーシティが進む今後の日本の組織、企業において有効なリーダーシップスタイルだと思われる。こうしたリーダーシップスタイルは受け入れられ、組織の中で高く評価されている。それに加えてビジネスや社会的課題の解決における多様な場面でこのスタイルが成果を上げているならば、さらに女性のリーダーシップは高く評価されるだろう。

それでは課題の達成において女性のリーダーシップにはどのような特徴があるのだろうか。

先に紹介した『〈女神的〉リーダーシップ』によれば、「今日の理想的なリーダーに求められる資質の多くは女性的とみなされる」としている。先に述べた2012年に実施された日本も含む13か国・63,000人を対象とした調査をもとに世界中の人が男性的な資質よりも女性的な資質が世界をよりよくする役割と関連付けていることを発見している。この調査によれば現在のリーダー

に求められる資質は表現力、柔軟性、忍耐強い、直感的、情熱的、共感力、利他的、合理的、計画的であることで、積極的、分析的、自立的、プライドが高い、決断力などのいわゆる男性的資質ではない。世界各地域の経済全体が密につながり、相互に強く依存する状況では攻撃や支配より、協働や手柄の分かち合いが必要とされる。リーダーには私欲より全体の理念や目標に関心を持つことが求められ、直感を大切にし、他人の気持ちを理解し、行動を起こす前に問題点を吟味し、他者の話に耳を傾け、何かを成し遂げるための合意を形成するいわゆる女性的資質が重要な役割を果たしている。

　いうまでもなくこうした資質や取り組みは女性だけに特有なものではない。男性の中にもこうした資質を持つ人もいる。男性リーダーの中でもこうしたスタイルでリーダーシップを発揮している人が多いのは先の3類型や、6類型でも明らかである。『＜女神的＞リーダーシップ』の著者たちが著した『スペンド・シフト』（ジョン・ガーズマ他　2011）で取り上げられたリーダー、起業家、オーガナイザーなどが示す特徴の多くが一般的に女性的とみなされる性質に由来しているとしている。例えば誠実さ、共感力、コミュニケーション力、忍耐つよさなどである。彼らは女性が成功するとか、成功したリーダーに女性が多いというのではなく、今後の社会で女性的だとみなされてきた理念や資質が必要とされるようになってきたと述べている。

　こうした女性的リーダーシップが21世紀の日本や世界の社会的課題の解決に有効であるならば、昭和女子大学の学生たちがそうした資質を身に着けることは本人にとっても社会にとっても有意義である。

8. 女性は世界を変える

　昭和女子大学の女性教養講座は各界の著名人を招いて講演していただくプログラムであるが、2014年6月キャロライン・ケネディ駐日アメリカ大使（当時）に出講していただいた。その時にお願いした演題は「女性は世界を変える」である。

　彼女は「大統領や首相や企業のトップにならなければ世界を変えることが

できないわけではない」として、自分を信じ自分の人生を変える設計者となることによって、「夫にもう少し家事や育児を手伝ってほしいといい、より柔軟な勤務形態のほうが成果は出ると上司を説得し、病気になった子どもを家に残した同僚に協力することが、周りを変えていく」と述べた。

　私もまだまだ女性に負担の大きい社会の現状を仕方がないと受け入れる受動者、被害者としてではなく、自分から周囲に働きかける能動者となることによって、女性は世界を変えることができるという彼女の意見に賛成である。

　これこそが女子大学が養成すべき女性のあり方ではないだろうか。

　それでは具体的にどのようにこうした女性を養成するのかもう一度考えてみたい。

　これからの女性に大事なのは自己肯定感、自己効力感を持つことである。先述の「7つの力」で自分を大事にする力として挙げているものと共通する。自分を大切にするとは自分のわがままを通す、自分のこだわりを通すということではなく、自分自身の人生のオーナーとして自分を粗末に扱わず、過剰に卑下せず、長所を磨き発揮していくことである。また偏差値だけで「自分は能力がない」「頭が良くない」と自己評価している学生には、学力は人間の多面的な能力の一つであり、それ以外の多様な能力があることを自覚する機会（各種コンテスト・プロジェクト等）を通じ自信を与えることも大事である。

　日本社会ではいまだに広く「女性は戦力にならない」と信じ、女だから無理をするな、女なんかに困難な仕事・難しい仕事は任せられない、口答えする女はかわいくない、素直に男性や上位者に従う女性が好ましい、という考えの人も多い。それが隠されたメッセージとして女性に影響し「どうせ私は女だから」「無理しても損」と女性に自己卑下させる。そのような影響を除くためにどうすればよいか。昭和女子大学では女子学生たちに様々なプロジェクト、学習、研究などを通して小さな成功体験を積ませ、リーダーズアカデミーの参加を促し、スチューデント・オブ・ザ・イヤーで顕彰するなどの試みをしているがさらに自己評価を高めるにはどのような取り組みが有効か、今後さらに検討が必要である。

　コミュニケーション能力を高めるにはどうすればよいか。「7つの力」に

も挙げているが、女性は生まれつきコミュニケーション能力に優れていると安住することなく、プレゼンテーション、グループディスカッション、ディベートなどを通じて相手に伝わる表現力を磨く。もちろん読み書きの能力・スキルの重要さは言うまでもないが、同時に他者の話を聞く力、他者の文章読解力を身につける、きちんとメモを取る、などの社会的コミュニケーションスキルを伸ばすことが大事である。

　それでは他者への共感力を高めるにはどうすればよいか。困難を抱える人、厳しい環境にある人との直接の触れ合いが極めて有効である。共感力を養ううえでボランティアは有効な機会となり得る。また、すぐれた文学作品・芸術作品にふれることも共感力を養い感覚を磨く。

　いずれも一朝一夕にして成果がでるわけでない。幼い頃から女性に与えられた刻印を払しょくするのは困難だが、地道な積み重ねにより、学生自らが自分もやればできる、と手ごたえを感じ、自己効力感をもって自分の長所特性を伸ばすことが自己肯定感を養うと期待したい。

　いずれにしても今後どのように女性たちが良きリーダーシップを身につけることができるかさらなる研究と取り組みが必要である。

9. 次の100年に向けて ——新たな挑戦——

　1920年、昭和女子大学の前身にあたる日本女子高等学院創設にあたって創立者は開講の詞で「目覚めたる婦人、正しき婦人、思慮ある力強き婦人」の育成を目標として掲げた。第一次世界大戦の惨状を見て「男性のつくる文化は破壊的、征服的で、（略）造ってはこわし、こわしては造る　果てしない戦争を楽しんでいる、かのような文化である」とし、「慈愛と理解と調和を旨とする　女性の美徳、女性の文化が役立って　平和が長く、戦争が短くなるように　努力してみたいという希望」をもって学園を創立した（昭和女子大学光葉同窓会編集委員会編　1979）。学園が創立100周年を迎えようとしている今、世界は破滅的な破壊力をもつ核兵器を抱えた。また人口爆発、地球的環境問題、エネルギー・食料の供給制約、富の偏在と格差、などの課題

に直面している。

　日本においても少子高齢化、人口減が続き、財政・社会保障制度も深刻な状況にあり、職場でも地域社会でも多様化が進む。女性に対しても、個人として充実した人生を送るだけでなくこのような様々な社会的課題の解決に取り組んでいく力を持つことが期待されている。それが未だに男性優位の社会に進出していくには、女性が武器となる強みになると期待したい。

　女性が自らの持つ多様な資質を抑圧することなく開花させ、平和を構築し地球的課題に取り組む志と力を持ってほしいと心から願い、新たな歩を進めるのが次の世紀に向けての私達のミッションである。

引用文献（著者アルファベット順）

ガーズマ, ジョン・ダントニオ, マイケル　有賀裕子訳（2011）『スペンド・シフト』プレジデント社.

ガーズマ, ジョン・ダントニオ, マイケル　有賀裕子訳（2013）『〈女神的〉リーダーシップ』プレジデント社.

グリーンリーフ, ロバート.K　金井壽宏監訳・金井真弓訳（2008）『サーバントリーダーシップ』英治出版.

厚生労働省（2017）「平成29年簡易生命表」.

宮脇啓透・小森亜紀子・前田純弘（2018）「学士（経営学）課程教育における学習効果の測定——ジェネリックスキルの直接評価得点と学内活動との相関分析——」『昭和女子大学現代ビジネス研究所2017年度紀要』.

内閣府男女共同参画局（2003）「男女共同参画の視点からの公的広報の手引」.

昭和女子大学光葉同窓会編集委員会編（1979）『人見東明全集　第三巻』.

第Ⅰ部
ダイバーシティ経営と女性のリーダーシップ

第1章　企業におけるダイバーシティ経営の推進と女性のキャリア形成

森ます美

1. ダイバーシティ経営の進展と「本研究」の視点

(1) ダイバーシティ経営の進展

　日本でダイバーシティが初めて議論されたのは 2000 年だと言われているが（谷口 2008：78）[1]、それが企業経営の喫緊の課題として認識され、多くの企業が多様な人材の活用によるダイバーシティ経営への取り組みを本格化させたのは 2010 年代である。

　この背景には、中長期的には少子高齢化による労働力人口の減少と急速な生産年齢人口の減少が見込まれ[2]、さらに今日的には景気の好調による労働力需給の逼迫が人手不足を強めている状況がある。企業は今後、必要な労働力を確保していくためには、従来の成人男性労働者を標準モデルとする日本型雇用を転換し、多様な雇用人材を受け入れて、活用していくことが不可避となっている。多様な人材活用の中核は最大の潜在労働力である女性の活躍推進である。

　他方、経済のグローバル化と急激に変化するグローバルな環境のなかで、日本経済、日本企業が一定のステイタスを維持していくためには、ダイバーシティ経営の推進による労働生産性の向上と、多様な需要への効果的な対応による国際競争力の強化が求められている。

　日本企業におけるダイバーシティ経営の普及・拡大を促進したのは、2012 年にスタートした経済産業省による「ダイバーシティ経営企業 100 選」の事業である。これに先立ち経済産業省は、2011 年に「企業活力とダイバーシティ

推進に関する研究会」(座長 シカゴ大学教授 山口一男氏)を発足させ、「女性活躍を中心としたダイバーシティ推進をこれからの経営戦略の中軸に位置づけて積極的に展開すべきとの問題意識」から「ダイバーシティ推進による経営効果」や、「ダイバーシティ推進を経営効果につなげるための仕組み・要件」について検討している(経済産業省編 2012)。

同研究会による理論枠組に則って、2012 年に始まった「ダイバーシティ経営企業 100 選」は、「ダイバーシティ経営」を「多様な人材を活かし、その能力が最大限発揮できる機会を提供することで、イノベーションを生み出し、価値創造につなげている経営」[3]と定義して、選定企業の取り組みをダイバーシティの「対象」(女性、外国人、障がい者、高齢者、キャリア・スキル・経験、限定なし)、「取組」内容、「経営成果」(プロダクト・イノベーション、プロセス・イノベーション、外的評価、職場内の効果)の観点から区分し、発表している。同事業は 2015 年度からは、今後広がりが期待される分野として重点テーマを設定した「新・ダイバーシティ経営企業 100 選」として実施され、2017 年度までに 205 社が選定されている(経済産業省 2018:1)[4]。

この事業と並行して進んだのが、第 2 次安倍内閣(2012 年 12 月発足)による成長戦略としての「女性の活躍推進」施策の展開である。「日本再興戦略— JAPAN is BACK」(2013 年 6 月)に位置づけられた「女性の活躍推進」施策は、2015 年に「女性の職業生活における活躍の推進に関する法律(女性活躍推進法)」(2015 年 8 月 28 日成立)に結実した(森 2017)。

経営戦略としてのダイバーシティ(多様な人材の活用)推進の中心に置かれた「女性の活躍」は、2000 年代に進展した両立支援制度の整備による「女性の就業継続」の保障・実現を超えるものである。今日、ダイバーシティ経営企業のなかで女性は、就業継続を通して「経営成果につながる活動・活躍」を求められている。

(2) 産学連携ダイバーシティ研究会の発足

こうした社会状況を背景に 2016 年 10 月に昭和女子大学ダイバーシティ推進機構に設けられたのが産学連携ダイバーシティ研究会である。文字通り産

業界(企業)と大学が連携した研究組織である。2016 年度のメンバーは、ダイバーシティ推進機構の会員企業 25 社から参加した女性社員 9 人と、昭和女子大学現代ビジネス研究所研究員 2 名、これに学内の女性文化研究所、現代ビジネス研究所、ダイバーシティ推進機構に所属の本学教員・研究員 7 名の計 18 名である[5]。

3 年間(2016 〜 2018 年度)の研究プロジェクトとして本研究会は、「ダイバーシティ経営の推進と女性のキャリア形成」をテーマに掲げた。その意図は、「ダイバーシティ経営における女性の活躍」は、経営サイドからの「女性の活用」に終始することなく、「ダイバーシティ経営による女性の職業能力の開発とキャリア・モチベーションの向上が、女性のキャリア形成を促進し、その結果としての女性の活躍が経営への貢献につながるべきではないか」という視点である。

本章は、後に詳述するように、産学連携ダイバーシティ研究会が行った「ダイバーシティ経営の推進と女性のキャリア形成に関する調査」を中心に、本研究会の座長を務めた著者がその研究結果をまとめたものである。

2.「ダイバーシティ経営」と「女性のキャリア形成」の定義

「ダイバーシティ経営」の定義は前述した「新・ダイバーシティ経営企業 100 選」における定義、すなわち「多様な人材を活かし、その能力が最大限発揮できる機会を提供することで、イノベーションを生み出し、価値創造につなげている経営」が広く普及していると思われるが、これ以外にも次のようなものがみられる。

谷口(2005:254-258)は、アメリカの研究史を踏まえ、「ダイバシティ・マネジメントとは,人材のダイバシティを用いてパフォーマンスを向上させるマネジメント手法である。そのために多様な人材を組織に組み込み,パワーバランスを変え,戦略的に組織変革を行う」ことと述べている。

佐藤・武石編(2017)の「序章」を執筆した佐藤(2017:1)は、その冒頭で「ダイバーシティ経営とは、多様な人材を受け入れ、それぞれが保有する

能力を発揮し、それを経営成果として結実するようにマネジメントすることである」と定義している。

これらを参照しつつ産学連携ダイバーシティ研究会は、「研究テーマ」の意図に鑑みて、「ダイバーシティ経営」を次のように定義した。

「ダイバーシティ経営とは、性別、年齢、人種や国籍、障がいの有無、性的指向など多様な属性を有する人材を活かし、その能力が最大限発揮できる機会・環境を提供することで、企業や社会のより良い発展に寄与する経営を指す。ダイバーシティ経営の成果には、生産性・創造性の向上、企業の競争力の強化、および社員の多様なキャリア・経験・働き方の実現を含んでいる」。

合わせて「研究テーマ」に掲げた女性の「キャリア形成」は、女性の活躍推進の文脈で象徴された「管理職になること」だけではなく、女性が「働き方を主体的に選択する中で、自らの職務の幅を広げたり、専門的職務能力を向上させたり、上位の職務・職階に就くこと」と幅広く捉えている。

3. 企業の社員の目線から「ダイバーシティ経営」を捉える
—— 「ダイバーシティ経営の推進と女性のキャリア形成に関する調査」——

(1) 研究プロジェクトの目的と「調査」の企画

「ダイバーシティ経営の推進と女性のキャリア形成」をテーマとする研究プロジェクトの目的は、前述の研究の視点を踏まえ、「女性社員がキャリアを形成し、活躍できるダイバーシティ経営のあり方を社員の目線から明らかにする」ことに置かれた。「社員の目線」から捉える研究方法として、①ダイバーシティ推進機構の会員企業の男女社員を対象に「ダイバーシティ経営の推進と女性のキャリア形成に関する調査」を実施し、その結果を分析すること、さらに調査結果を踏まえ、②調査協力企業の中から女性がキャリアを形成し、活躍している企業を「ダイバーシティ経営のグッド・プラクティス企業」として選定し、企業と同社で活躍する女性社員にインタビューを行うことが計画された[6]。

「調査」は次の2つの内容で企画された。メインの「調査」は、男女社員

を対象とした「ダイバーシティ経営の推進と女性のキャリア形成に関する調査」(通称「社員アンケート」)である。回答した男女社員が属する企業の属性等については、「企業アンケート」として当該企業の人事部あるいはダイバーシティ推進部署に回答を依頼することになった。

「企業アンケート」では、企業規模・業種・業歴等の属性、男女従業員数・平均勤続年数、女性管理職・役員等の状況、ダイバーシティ推進部署の有無、コース別雇用管理制度の有無、教育・研修の実施状況、各種両立支援制度の整備状況等を尋ねた。最後に各社の「ダイバーシティ経営の課題」について自由に記述してもらった。

「社員アンケート」は下記の内容で構成されている。

- 回答者の属性：年齢、性別、勤続年数、所属、雇用管理区分、子の有無等
- 「ダイバーシティ経営」について社員はどのようなイメージを持っているか（Q1）。
- 「ダイバーシティ経営」の推進に社員はどのような施策が必要と考えているか。
  - ・職場のチームワークを維持する施策（Q2）
  - ・多様な人材の活躍に必要な人事評価制度（Q3）
  - ・女性のキャリア形成を進めるために必要な教育・研修（Q4）
- 社員は「ダイバーシティ経営」のプラスの影響・マイナスの影響をどのように考えているか（Q5、Q6）
- 「女性の活躍推進」のために自社が取り組んでいる施策・自社に必要な施策を社員はどう捉えているか（Q7、Q8）。
- 社員はどのような「仕事観・キャリア観」を持っているか（Q9）
- 社員は「仕事・処遇・人間関係・生活」に満足しているか（Q10）

なお、本調査研究は昭和女子大学倫理審査委員会の審査・許可を受けて実施したものである。

(2)「調査」の実施概要と協力企業・回答者のプロフィール

■「調査」の実施概要

2017年6月初旬からダイバーシティ推進機構の会員企業および同機構内のキャリアカレッジに社員を派遣している企業で社員数100名以上の36社に協力を打診し、協力可能性のある27社に「調査」を依頼した。

調査票は同年7月5日～8月1日に企業に一括送付し、企業担当者が社員に配布した。調査の回答期間は8月25日～9月15日。各回答者は調査票を密封して企業担当者に提出し、企業単位でダイバーシティ推進機構に返送してもらった。

調査票の配布数・回収数・回収率は、それぞれ「企業アンケート」は27社のうち26社（96.3％）、「社員アンケート」は1,340部のうち1,298部（96.9％）となり、有効回答率は両「調査」とも100％と高い協力が得られた。

■調査協力企業26社のプロフィール

協力企業は、大企業で業歴の長い企業が多数を占めている（表1-1：従業員数1,001人以上が8割弱。業歴50年以上が約7割）。業種は金融・保険業（8社）、製造業（7社）を中心に5業種に集中している（他、運輸・通信業、サービス業、建設業）。正社員に占める女性比率は10％未満の企業から女性が50％以上を占める企業まで多様である（表1-2）。

正社員の平均勤続年数は男性17.7年、女性13.3年で女性が4.4年短い。役員に占める女性比率は平均5.2％、管理職（課長以上）に占める女性比率は平均8.0％、係長級職に占める女性比率は平均21.5％と高くなっている。

企業がダイバーシティ経営に組織的に取り組むためにはダイバーシティ推進部署／専属部署の設置が有効であるが、当該部署の「ある」企業が半数を超えていた（53.8％）。また65.4％の企業にコース別雇用管理制度が導入されている。

女性がキャリアを継続し、管理職層へと昇進する上で企業による教育・研修の実施や両立支援制度の整備は重要な要件である。協力企業における整備

第 1 章　企業におけるダイバーシティ経営の推進と女性のキャリア形成

表 1-1　企業規模別にみた企業と回答者の分布

企業規模	企業数	回答者数	分布
1~500 人	4	170	13.1
501~1000 人	4	125	9.6
1001~3000 人	8	558	43.0
3001~5000 人	6	271	20.9
5001 人以上	4	174	13.4
合計	26	1298	100.0

注）従業員数には直接雇用の非正規労働者を含む。

表 1-2　従業員（正社員）に占める女性比率

女性比率	(%)
～ 10％未満	7.7
10 ～ 20％未満	19.2
20 ～ 30％未満	27.0
30 ～ 40％未満	15.4
40 ～ 50％未満	19.2
50％以上	11.5
無回答	0.0
総数	100.0

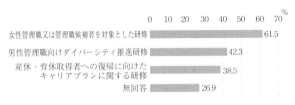

図 1-1　企業による教育・研修の実施状況

表 1-3　育児・介護の支援制度の整備状況　　　　　　　　　　　　（％, n=26）

育児短時間勤務	100.0	育児時間	69.2
育児休業	100.0	フレックスタイム制	53.8
子の看護休暇	96.2	始業・終業時刻の繰上げ・下げ	53.8
介護休業	96.2	在宅勤務	50.0
介護休暇	96.2	介護時間	38.5
配偶者出産休暇 (男性)	76.9	その他	30.8

状況は図 1-1、表 1-3 のようであった。産休・育休復帰者へのキャリアプラン研修や男性管理職向けダイバーシティ推進研修は今後の課題である。

■調査回答者 1,298 人のプロフィール

回答者は女性 629 人（48.5％）、男性 656 人（50.5％）、性別無回答 13 人（1.0％）である。年齢階層は 20 歳代後半～ 50 歳代後半までバランスよく分布し、女性は若年層（35 歳未満 41.4％）が、男性は中高年層（45 歳以上 44.0％）がやや多くなっている。性別勤続年数分布もこれを反映して図 1-2 のようである。

所属部門は男女とも営業・販売・サービス部門（男性 39.9％、女性 27.3％）、と人事・総務・経理部門（女性 31.3％、男性 25.2％）に集中し、企画・マーケ

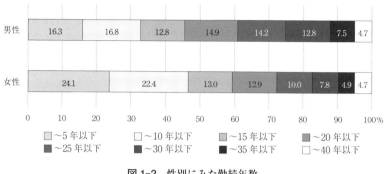

図1-2 性別にみた勤続年数

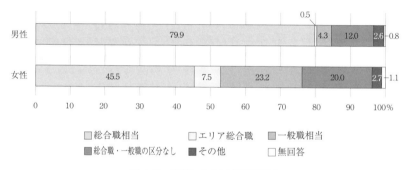

図1-3 性別にみた雇用管理区分

ティング・広報部門が各10％であった。

回答者の管理職比率は36.7％であったが、性別でみると男性52.0％、女性21.3％で大きな性別格差がみられた。雇用管理区分は総数では総合職相当比率が62.6％と高いが、性別にみると男性の8割が総合職相当であるのに対し女性は45.5％と低く、女性の約4分の1は一般職相当で性差が大きい（図1-3）。

子どもの有無は、総数では子どもなし52.1％、子どもあり47.1％で、子どもの学齢期をみると約4割が就学前の、約3割が小学生の子を有している。性別では男性の65.4％に子どもがあるのに対し女性では28.0％と低かった。

4. 「ダイバーシティ経営」のイメージとその推進に必要な施策

(1) 社員が抱く「ダイバーシティ経営」のイメージ

まず冒頭で「ダイバーシティ経営」と聞いて何をイメージするか聞いてみた（図1-4）。8割近い社員がまず思うのは「女性の活躍推進」（1位）である。続いて「グローバル人材の活躍推進」（2位）、「障害者の活躍推進」（4位）、「高齢者の活躍推進」（6位）と、現状では「ダイバーシティ経営」すなわち「人材のダイバーシティ」の推進と捉える傾向が強い。

次いで約半数の社員が「ワーク・ライフ・バランスの推進」（3位）、「柔軟性のある労働時間」（5位）、「個人の裁量による多様な働き方」（7位）といった多様な人材の活躍に不可欠な「働き方のダイバーシティ」を挙げている。これらに比べると、「ダイバーシティ経営」が本来経営戦略として目指している「仕事の生産性の向上」（17.3％）や「企業の競争力の強化」（13.6％）に思いが至る社員は非常に少なく、「企業経営に関わるダイバーシティ」というイメージはまだ希薄である。

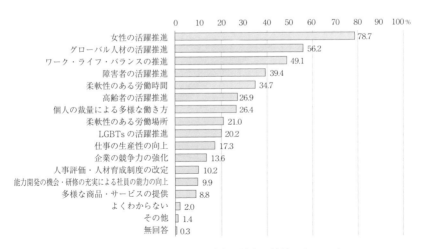

図1-4 「ダイバーシティ経営」に対する社員のイメージ

男女で比較すると、男性は「女性の活躍推進」(男性83.4％＞女性73.9％)をはじめ人材のダイバーシティに関わるイメージがより強く、反対に女性は「ワーク・ライフ・バランスの推進」(女性57.1％＞男性42.1％)や「柔軟性のある労働時間」(女性38.8％＞男性31.1％)など男性より働き方のダイバーシティをイメージする傾向がみられる。

(2)「ダイバーシティ経営」を推進しつつ「職場のチームワークを維持する」ために

「ダイバーシティ経営」において育児や介護を担う社員が働き続けるためには多様なワーク・ライフ・バランス(以下、アンケートの選択肢の表記を除きWLBと省略)支援制度の利用が不可欠である。しかし現状では、育児休業制度や短時間勤務制度など制度利用者が「子どものいる女性」に偏り、制度利用に対する企業のアフターフォローが不充分な場合には、しばしば職場内に不満や軋轢が生じ、チームワークが乱れることが指摘されている(佐藤2017：6-9)。こうした事態を解消し、「職場のチームワークを維持する」ためにはどのような事柄が必要だろうか。

半数を超える社員が挙げたのは「企業トップが育児・介護等のための制度整備とその行使に対して理解している」(1位)と「社員全員がダイバーシティ経営を推進する意義を理解し、腹落ちしている」(2位)ことである(図1-5)。「企業トップの理解」と「社員全員の理解と腹落ち」が上位に挙がったことは、社員が「ダイバーシティ経営」を全社規模で捉えている結果として興味深い。同時に職場における管理職の役割やリーダーシップも鍵を握っている。「管理職が部署内での社員の職務経験・能力、働き方に応じた適切な業務配分を行う」(3位)、「育児・介護等のための制度整備とその行使に対して管理職が理解している」(4位)、「管理職が『ダイバーシティ経営』の推進にリーダーシップを発揮する」(7位)などの指摘である。

管理職自身の回答に着目すると、トップは「社員全員がダイバーシティ経営を推進する意義を理解し、腹落ちしている」(管理職61.6％、非管理職44.5％)であり、部下である非管理職の回答との差が大きかった。他方、WLB支援制度を利用する可能性が高い女性では、総合3位の管理職による

第1章　企業におけるダイバーシティ経営の推進と女性のキャリア形成

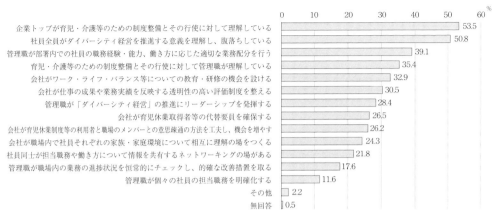

図1-5　ダイバーシティ経営の下で職場のチームワークを維持するために必要な施策

「適切な業務配分」（女性43.4％、男性35.1％）と4位の管理職による「育児・介護等の制度整備・行使に対する理解」（女性38.5％、男性32.8％）の回答率が男性を超えている。

職場のチームワークを維持しつつ「ダイバーシティ経営」を推進するためには、企業トップの理解・社員の理解と腹落ち・管理職の役割が三大要件といえよう。

(3) 多様な人材の活躍と人事評価制度

日本企業が多様な人材を活かし高い経営成果を上げるためには、転居転勤や残業・長時間労働を要件とするこれまでの「働き方」の改革と日本型雇用慣行に適合した「人事評価制度」の改革が必要である。図1-6は、社員に「ダイバーシティ経営」に求められる人事評価制度について尋ねた結果である。

評価の基準（要素）や評価方法に関わる諸制度等12項目に対し4択で回答を求めた。

回答者の意思が最も明確に示される「必要」の回答率に注目すると、トップは「被評価者への評価結果のフィードバック」で全体の7割近くが多様な人材の活躍に最も必要な制度と考えている。多くの大企業に目標管理制度が

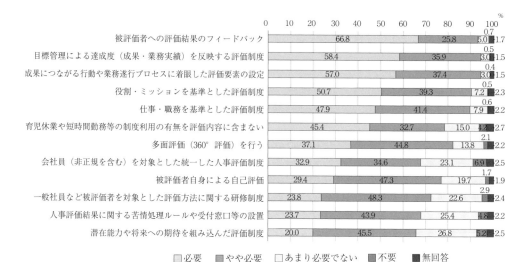

図 1-6　多様な人材が活躍するために必要な人事評価制度

導入されている今日、「評価結果のフィードバック」はすでに広範に実施されていると考えていたので予想外の結果だったが、今後、その実情を探ってみたい。これに続いて半数以上の社員が「必要」とした制度は、「目標管理による達成度（成果・業務実績）を反映する評価制度」、「成果につながる行動や業務遂行プロセスに着眼した評価要素の設定」、「役割・ミッションを基準とした評価」であった。周知のようにこれらは 2000 年代以降、成果主義人事評価制度として日本企業に取り込まれ、現在広く採用されている制度である。現状追認的とも思える回答傾向は、管理職・非管理職間、男性・女性社員間でもほとんど違いはみられなかった。しかし、「育児休業や短時間勤務等の制度利用の有無を評価内容に含まない」については「就学前の子ども」を持つ社員の 52.9％が「必要」と回答しているのは特徴的である。

　数少ない我が国の「ダイバーシティ経営」論は、「女性の活躍を経営効果に結びつけるためには、性別にかかわらず社員の能力発揮の推進を重視し、職務に応じて公正に評価する人事管理」の必要（経済産業省編 2012:46）や、「ダイバーシティ経営に適合的な人事管理システム」の一環に「担当職務・貢献

による賃金制度」、「担当職務を明確にし、ジョブを基本とした雇用処遇制度」（佐藤 2017：12）を挙げているが、現場の社員の間では「仕事・職務を基準とした評価制度」の必要性はまだ主要な見解とはなっていない（図1-6、「必要」47.9％）。

5. 女性のキャリア形成に必要な教育・研修

　それでは「本研究」の課題である「ダイバーシティ経営」において女性のキャリア形成を進めるためにはどのような教育・研修が必要だろうか。
　第1位に挙がったのは、管理職・リーダーへの「多様な人材のマネジメント」に関する教育・研修である（図1-7、49.3％）。次いで第2〜4位では、社員全体への「多様な人材の力を生かせるチームづくりに関する教育・研修」、「働き方やキャリアを見直し、モチベーションアップにつなげる教育・研修」、「ダイバーシティ経営を理解するための教育・研修」の必要性が指摘され、キャリア形成の主体である女性社員に対する教育・研修はこの後に初めて登場する。具体的には、「女性を対象とした管理職・管理職候補に対する教育・研修」（5位）、「産休・育休取得者への復帰に向けたキャリアプランに関する研修」（6位）、「長期的かつ主体的なキャリア意識を培うための教育・研修」（7位）である。
　「ダイバーシティ経営」において女性のキャリア形成を進めるためには女性への教育・研修に先立って、管理職・リーダーへのダイバーシティ・マネジメント教育が、次いで社員全体の「ダイバーシティ経営」への理解や、多様な人材によるチームづくり・働くモチベーションアップに関する研修が必要だというこの回答結果は、企業にとって非常に示唆に富んでいる。
　管理職の回答に着目すると、管理職自身も「多様な人材のマネジメントを想定した管理職・リーダーに対する教育・研修」（1位，56.2％）や「多様な人材の力を生かせるチームづくりに関する教育・研修」（2位，52.0％）の必要性を上位に挙げている。他方、当事者である女性に注目すると、最も必要と考えているのは、「働き方やキャリアを見直し、モチベーションアップに

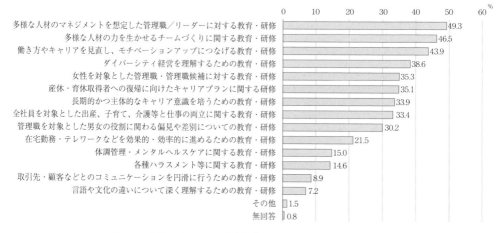

図 1-7　女性のキャリア形成を進めるために必要な教育・研修

つなげる教育・研修」（1位，50.1％）である。男性社員が管理職と同じく「多様な人材の力を生かせるチームづくりに関する教育・研修」（51.5％）を1位に選択しているのとは違いがみられた。

6. 女性の活躍推進のための施策——社員はこう捉えている

(1) 女性の活躍推進のために会社が取り組んでいる施策

「女性活躍推進法」の施行によって従業員数301人以上の企業は自社の女性社員の活躍を推進するために具体的な取り組みを「行動計画」として策定し、実行することを求められている。「本調査」の協力企業における女性活躍推進の取り組みを回答者に聞いてみた。

図1-8は、社員目線からみた自社の女性活躍推進施策の現状である。トップ5は、1位「管理職やチームリーダーへの女性の登用」（回答者の75.1％が選択）、2位「育児休業制度等の利用者の復職率の増加」（同55.9％）、3位「長時間労働の是正」（同49.2％）、4位「女性総合職の増加」（同39.7％）、5位「全社員のワーク・ライフ・バランスの促進」（同35.3％）である。女性活躍の指

第 1 章　企業におけるダイバーシティ経営の推進と女性のキャリア形成

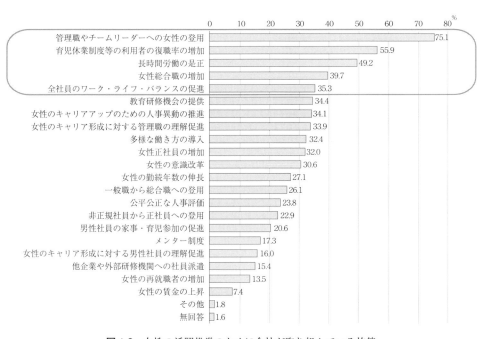

図 1-8　女性の活躍推進のために会社が取り組んでいる施策

標として「管理職の女性比率」が社会的に注目されるなかで多くの企業が意識的に女性の登用に取り組んでいることが窺える。

これに次いで 3 分の 1 前後の社員が、「教育研修機会の提供」、「女性のキャリアアップのための人事異動の推進」、「女性のキャリア形成に対する管理職の理解促進」、「多様な働き方の導入」、「女性正社員の増加」、「女性の意識改革」を挙げている。

表 1-4 で企業規模別に取り組み状況を比較した。各企業規模の施策トップ 3 に網掛けした。その結果、多少の順位の差こそあれ 500 人以下の中小企業から 5,001 人以上の巨大企業まで日本企業の女性活躍推進策は「管理職等への女性の登用」、「長時間労働の是正」、「育児休業制度利用者の復職率の増加」に収斂し、現状では違いがみられないことである。唯一、5,001 人以上の企業で「多様な働き方の導入」が進められている点が特徴である。

自社の女性活躍推進策の実施状況への評価は社員の立場によって違いがみ

33

表1-4 企業規模別にみた会社が取り組んでいる女性活躍推進施策

女性の活躍推進のための施策	1～500人	501～1000人	1001～3000人	3001～5000人	5001人以上
管理職やチームリーダーへの女性の登用	82.9%	54.0%	75.4%	81.9%	80.5%
女性正社員の増加	38.4%	22.6%	25.6%	47.6%	32.8%
女性総合職の増加	48.2%	12.9%	34.2%	60.9%	39.7%
女性の再就職者の増加	15.9%	4.8%	14.0%	16.2%	13.2%
一般職から総合職への登用	24.4%	3.2%	19.5%	45.8%	37.4%
非正規社員から正社員への登用	23.8%	8.9%	18.8%	39.1%	22.4%
女性の勤続年数の伸長	31.7%	29.8%	25.6%	29.2%	25.9%
育児休業制度等の利用者の復職率の増加	51.8%	60.5%	57.9%	60.9%	49.4%
女性のキャリアアップのための人事異動の推進	34.8%	20.2%	28.7%	45.8%	46.0%
女性の賃金の上昇	8.5%	3.2%	6.8%	7.4%	12.1%
女性のキャリア形成に対する管理職の理解促進	25.0%	39.5%	25.6%	46.1%	49.4%
女性のキャリア形成に対する男性社員の理解促進	15.2%	21.8%	11.2%	19.9%	23.6%
男性社員の家事・育児参加の促進	19.5%	15.3%	9.7%	39.9%	31.6%
女性の意識改革	20.1%	43.5%	24.1%	33.9%	50.0%
公平公正な人事評価	31.7%	19.4%	22.8%	21.4%	29.3%
全社員のワーク・ライフ・バランスの促進	45.1%	40.3%	19.7%	49.1%	54.0%
長時間労働の是正	53.0%	56.5%	35.1%	67.2%	62.6%
多様な働き方の導入	44.5%	25.8%	18.4%	39.9%	61.5%
教育研修機会の提供	33.5%	41.1%	26.3%	43.5%	46.0%
メンター制度	8.5%	7.3%	10.5%	34.3%	29.3%
他企業や外部研修機関への社員派遣	22.6%	8.9%	12.5%	15.5%	24.1%
その他	3.0%	0.8%	2.2%	1.5%	0.6%

られる。図表は掲載しないが、管理職と女性社員に注目すると[7]、管理職の回答率はすべての施策で女性を上回っており、特に両者の格差が大きかったのは次の施策である。「女性のキャリアアップのための人事異動の推進」については管理職の43.8％が「会社が取り組んでいる」と回答したのに対し、女性は26.2％で、実施状況への評価は女性が17.6ポイント低い。次いで「女性の勤続年数の伸長」では女性の評価が管理職より15.0ポイント（回答率は管理職37.1％、女性22.1％）、「公平公正な人事評価」では同じく14.3ポイント（回答率は管理職30.8％、女性16.5％）、「女性のキャリア形成に対する管理職の理解促進」では同じく14.1ポイント（回答率は管理職43.2％、女性29.1％）、「女性のキャリア形成に対する男性社員の理解促進」では同じく13.2ポイント（回答率は管理職23.7％、女性10.5％）低く、実施状況に対して管理職と女性社員の評価の差が大きい。

(2) 女性の活躍推進のために会社に必要な施策

それでは今後、社員は自社において女性の活躍推進のためにはどのような

第 1 章　企業におけるダイバーシティ経営の推進と女性のキャリア形成

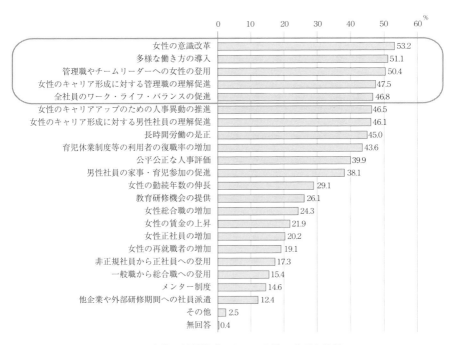

図 1-9　女性の活躍推進のために会社に必要な施策

施策が必要と考えているだろうか（図 1-9，選択肢は図 1-8 と同一）。トップは「女性の意識改革」である。総数では 53.2％が挙げているが、回答者の属性別にみると、管理職が 61.2％と最も高く、男性 52.6％、当事者である女性も 53.6％が最も必要な施策だと考えている。次いで「多様な働き方の導入」（51.1％）、「管理職やチームリーダーへの女性の登用」（50.4％）、「女性のキャリア形成に対する管理職の理解促進」（47.5％）、「全社員のワーク・ライフ・バランスの促進」（46.8％）が続き、これらが今後の重点 5 施策である。

図表は掲載しないが、女性活躍推進策の対象となる女性社員の回答に注目すると、上位には「多様な働き方の導入」（1 位，55.5％）、「女性の意識改革」（2 位，53.6％）、「女性のキャリア形成に対する男性社員の理解促進」（3 位，52.0％）、「全社員のワーク・ライフ・バランスの促進」（3 位，52.0％）、「女性のキャリア形成に対する管理職の理解促進」（4 位，49.6％）、「長時間労働の

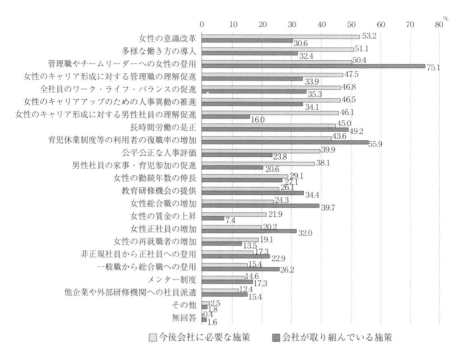

図 1-10　今後会社に必要な女性活躍推進施策と会社における取り組み状況

是正」（5位，45.9%）が並び、今後、企業で女性が活躍するためには、女性自身の意識改革に加えてWLB支援施策の展開と女性のキャリア形成を管理職や男性社員が積極的に支援することが重要であることを提起している。

今後、会社に必要な女性活躍推進策を必要度（回答率）の高い順に並べ、現在の取り組み状況と比較したのが図1-10である。

今後の重点5施策は、「管理職やチームリーダーへの女性の登用」を除いて、いずれも「今後、必要」と捉える社員の比率が、現在会社が「取り組んでいる」とみる社員比率を上回っている。「管理職やチームリーダーへの女性の登用」は会社の現在の取り組み施策のトップに挙がったものであるが、依然として半数の社員が今後も継続して当該施策の推進を必要と捉えている。

今後必要な施策の現在の取り組み状況との乖離（格差＝各施策「今後必要」の回答率―「取り組んでいる」回答率）をみると、最も乖離が大きいのは「女

性のキャリア形成に対する男性社員の理解促進」である。46.1％の社員が今後必要な施策に挙げているが、現状で取り組まれているとみる社員は 16.0％に過ぎない。格差は 30.1 ポイントにのぼっている。これに次いで「女性の意識改革」（同格差 22.6）、「多様な働き方の導入」（同格差 18.7）、「男性社員の家事・育児参加の促進」（同 17.5）、「公平公正な人事評価」（同 16.1）が続いている。企業は今後の女性活躍推進策の実施においてこれらの諸施策への留意が必要である。

7.「ダイバーシティ経営」のプラスの影響・マイナスの影響

(1) 社員からみたプラスの影響

　本章 2 節の「定義」で述べたように「ダイバーシティ経営」は、多様な人材の活躍によって企業のみならず社会のより良い発展に寄与することが重要である。「ダイバーシティ経営」の展開がまだ道半ばの日本では、その影響を客観的に把握するに至っていないが、「本調査」では「ダイバーシティ経営」の推進が企業・顧客・社員に及ぼすプラスの影響・マイナスの影響について尋ねてみた[8]。

　図 1-11 によれば、プラスの影響として上位に挙がったのは、1 位「柔軟な働き方を選択する社員が増えることにより生産性が向上する」、2 位「社員は主体的に働き方（ワーク・ライフ・バランス）を選ぶことができる」、3 位「社員は多様な働き方により、就業が継続しやすくなる」、4 位「企業の社会的イメージアップに効果がある」、5 位「企業は優秀な人材が集められる」である。上述の選択肢に筆者が付した下線に着目すれば、「ダイバーシティ経営」は、企業に対しては生産性の向上、企業イメージのアップ、優秀な人材の採用という経営効果を生じ、他方、社員には WLB の主体的選択、多様な働き方による就業継続効果をもたらして、企業と社員に win-win のプラス効果が見込まれている。しかし、「新・ダイバーシティ経営企業 100 選」（本章 1 節 (1) 参照）が掲げる「ダイバーシティ経営」のイノベーション効果（プ

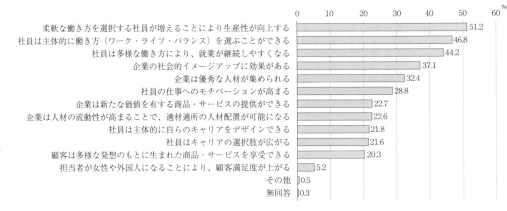

図 1-11　ダイバーシティ経営のプラスの影響

ロダクト・イノベーション）を見込む社員は少なかった。「企業は新たな価値を有する商品・サービスの提供ができる」（22.7％）、「顧客は多様な発想のもとに生まれた商品・サービスを享受できる」（20.3％）を挙げた者は2割程度だった。

　社員にとってのプラスの影響を性別にみると、「社員は主体的に働き方（ワーク・ライフ・バランス）を選ぶことができる」（女性 53.6％、男性 40.4％）と「社員は多様な働き方により、就業が継続しやすくなる」（女性 50.1％、男性 38.4％）を選択した比率は女性が男性を大きく上回り、就業上の困難に直面している女性の方がその効果を高く評価していることがわかる。とはいえ、「女性のキャリア形成」の視点からみると、「ダイバーシティ経営」のプラスの影響に「社員は主体的に自らのキャリアをデザインできる」（女性 23.1％、男性 21.0％）、「社員はキャリアの選択肢が広がる」（女性 22.3％、男性 20.7％）を挙げた女性は2割程度に過ぎなかった。「ダイバーシティ経営」のプラスの影響は、「WLBによる就業継続効果」までは見込めるものの「女性のキャリア形成効果」にはまだ及んでいない。

(2) 社員からみたマイナスの影響

　他方、「ダイバーシティ経営」のマイナスの影響の回答率は全体としてそ

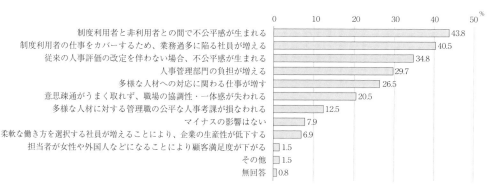

図1-12　ダイバーシティ経営のマイナスの影響

う高くなかったが（図1-12）、4割余りの社員がWLB支援等の「制度利用者と非利用者との間で不公平感が生まれる」、「制度利用者の仕事をカバーするため、業務過多に陥る社員が増える」ことを指摘している。これについてはすでに本章4節（2）の「ダイバーシティ経営」の下で「職場のチームワークを維持するために必要な施策」で述べたところである。

次いで3割前後が「従来の人事評価の改定を伴わない場合、不公平感が生まれる」を挙げている。多様な人材の活躍を公平に評価するためには、従来の長期勤続・フルタイム型の男性正社員を単一基準とする人事評価制度の改革が不可欠であることを指摘したが（本章4節（3））、職場においてもこの問題が認識されている。いずれにしても「ダイバーシティ経営」の推進は、その多様性に即した新たな施策や制度が整備されないと、趣旨に反して社員間の不公平（感）を高めてしまうことが理解されよう。

マイナス影響の4位に「人事管理部門の負担が増える」ことが指摘されているが、今後、多くの企業が「ダイバーシティ経営」を推進する上で人事管理の合理化は直面する経営課題である。

谷口真美（2005：104-126）はアメリカにおける「ダイバシティのメリットとデメリット」をめぐる様々な議論や調査を紹介している。人的資源管理協会が実施した「フォーチュン1000およびフォーチュン100の企業に対する調査」（回答121社，2001年）によれば、「ダイバシティのメリット」として

回答企業の 91％が「企業の競争優位性を高める」と回答し、その理由に「企業文化の改善 83％、従業員のモラールの改善 79％、従業員の継続勤務 76％、新規採用の円滑化 75％、従業員の不満や訴訟の減少 68％、創造性の増加 59％、従業員同士のコンフリクトの減少 58％、新規市場への参入可能性の拡大 57％、顧客関係の改善 55％、生産性の改善 52％」等を挙げている。

他方で、「ダイバシティのデメリット」として企業は、「ダイバシティのアクションが期待通りの成果にむすびつかない 57％、コストがかかる 38％、スタッフの時間がとられてしまう 30％、ねたみの増加 25％、トレーニングが提供されても効果がない 24％、従業員間のコンフリクトが増加する 10％」を挙げているという。

「ダイバーシティ経営」の進捗状況や人事管理が異なるアメリカ企業での「メリット・デメリット」をそのまま日本企業に適用することはできないが、先行事例における「ダイバーシティ経営」の様々な経験や議論は日本企業にとっても有意義であろう。

8. 社員の仕事観・キャリア観と満足度

(1) 社員の仕事観・キャリア観

これまで「ダイバーシティ経営」が女性のキャリア形成と活躍を推し進める上で直接・間接に必要な施策や環境について検討してきたが、肝心なことは、女性社員自身が仕事やキャリア形成に対してどのような志向を持ち、日々の就業に前向きな姿勢で取り組むことができているかどうかである。この観点から、最後に、本節では社員（回答者）の仕事観・キャリア観について、次節では社員の仕事・処遇・人間関係等に対する満足の度合いについてみてみたい。

図 1-13 では、仕事観・キャリア観についての選択肢を大きく上段の「仕事と生活のバランス（WLB）への志向」、中段の「キャリアへの志向」、下段の「職場のキャリア環境」に区分し、それぞれの区分内で女性社員の回答率

第1章　企業におけるダイバーシティ経営の推進と女性のキャリア形成

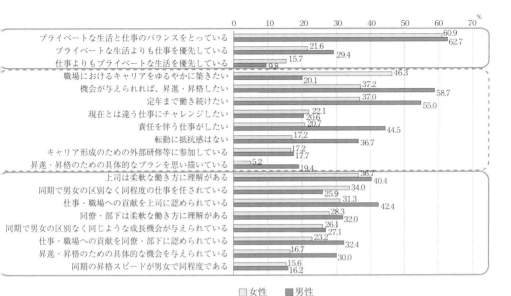

図 1-13　女性・男性社員の仕事観・キャリア観

の高い順に並べてみた。意図は、本章の課題である「女性のキャリア形成」の主体である女性自身の仕事・キャリア観を男性との比較において把握するためである。

まず「WLB 志向」については、女性も男性も過半の 6 割強が「プライベートな生活と仕事のバランスをとっている」と答え、大きな差はみられない。ただ「プライベートな生活よりも仕事を優先している」仕事重視派が男性（約 2 割）よりも女性（約 3 割）に多かった点は予想外である。

2 つ目の「キャリアへの志向」は男女で大きく異なっている。女性は「職場におけるキャリアをゆるやかに築きたい」が 46.3％と半数近くに及んでいる。昇進・昇格志向（「機会が与えられれば、昇進・昇格したい」）のある女性は 37.2％いるが、「現在とは違う仕事にチャレンジしたい」、「責任を伴う仕事がしたい」といった積極的なキャリア上昇を目指す女性は 2 ～ 3 割台と少ない。「定年まで働き続けたい」と考える女性も 37.0％と半数を切っている。

これに対し、男性社員は 58.7％が「機会が与えられれば、昇進・昇格した

い」と考え、55.0％が「定年まで働き続けたい」意思を持っている。「責任を伴う仕事がしたい」（男性44.5％，女性20.7％）、「転勤に抵抗感はない」（男性36.7％，女性17.2％）においても男女の差は大きい。以上のように、総体として女性社員のキャリアへの志向は低調で、「昇進・昇格のための具体的なプランを思い描いている」者はわずか5.2％しかいない。

3つ目に「職場のキャリア環境」を男女社員はどのように捉えているだろうか。キャリアの形成に直結する「同期で男女の区別なく同程度の仕事を任されている」と答えた女性（34.0％）は男性（25.9％）よりも多く、他方、「昇進・昇格のための具体的な機会を与えられている」は男性（30.0％）が女性（16.7％）を大きく上回っている。「同期で男女の区別なく同じような成長機会が与えられている」と捉える社員は3割弱で男女同程度である。

既述のように、キャリアを形成する上で働き方への周囲の理解は不可欠であるが、男性も女性も3～4割が「上司は柔軟な働き方に理解がある」（男性40.4％，女性36.7％）、「同僚・部下は柔軟な働き方に理解がある」（男性32.0％，女性28.3％）と評価している。「ダイバーシティ経営」において社員は経営成果につながる貢献を求められるが、「仕事・職場への貢献を上司に認められている」、同じく「同僚・部下に認められている」と思っている男性社員はそれぞれ42.4％、32.4％と相対的に多い。これに比べ、女性はそれぞれ10ポイントほど低く、仕事・職場への貢献を「上司に」あるいは「同僚・部下に」認められていると回答した者はそれぞれ31.3％、23.2％であった。

以上から明らかなように、仕事観・キャリア観から女性のキャリア形成の課題を検討すると、「職場のキャリア環境」も充分とは言えないものの、今後の重点課題は、男女で大きな差がみられた女性の「キャリアへの志向」を高める施策の推進である。これは本章6節（2）で述べた女性の活躍推進のために会社に必要な施策のトップに挙がった「女性の意識改革」とつながっている。

（2）社員は「仕事・処遇・人間関係・生活」に満足しているか

社員の満足度については、「仕事・処遇・人間関係・生活」に関わる10項

第1章　企業におけるダイバーシティ経営の推進と女性のキャリア形成

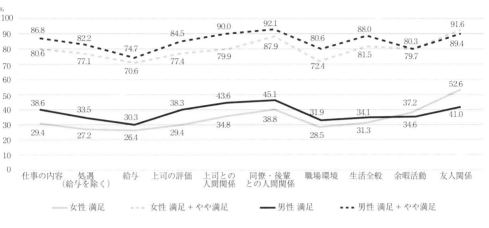

図1-14　性別にみた社員の満足度

目について4択で回答を求めた[9]。各項目に対する「満足している」と「やや満足している」の計でみると、調査協力企業の社員の満足度は全般的に高いことがわかる（図1-14）。最も高いのは男性の「同僚・後輩との人間関係」で92.1％が、最も低くても女性の70.6％が「給与」に一応、満足している。

しかし、社員の満足度にも性差がみられる。「余暇活動」と「友人関係」を除くと男性より女性の方が満足度は低い。「満足している」のみに着目すると、格差が最も大きいのは「仕事の内容」で、男性の38.6％が満足しているのに対し、女性は29.4％（格差9.2ポイント）である。次いで「上司との人間関係」、「上司の評価」でも女性の満足度は男性より9ポイント近く低くなっている。「満足している」女性の割合が3割を切っているのは、低い順に「給与」（26.4％）、「処遇（給与を除く）」（27.2％）、「職場環境」（28.5％）、「仕事の内容」（29.4％）、「上司の評価」（29.4％）と6領域に及ぶが、男性では3割未満の回答領域はみられない。

以上から男女の満足度の特徴は、女性は「仕事・処遇・職場の人間関係」等で男性より満足度が低いが、職場外の「友人関係」（52.6％）には過半数が「満足」していること、他方、男性は「給与」への「満足」（30.3％）はやや低いものの、仕事・職場全般に対しては女性より相対的に高い満足感を有し

ていることである。

　男女の満足度については本書「第 3 章 女性活躍推進の取り組みが社員の意識と満足度に与える影響」で詳細な分析がなされている。参照されたい。

9.「ダイバーシティ経営」における「女性のキャリア形成」の課題

　本章では、「ダイバーシティ経営の推進と女性のキャリア形成に関する調査」に基づいて、女性がキャリアを形成し、活躍できる「ダイバーシティ経営」のあり方を検討してきた。女性が職業能力の開発とキャリア・モチベーションの向上によってキャリアを形成し、その活躍によって企業や社会のより良い発展に貢献するためには、「ダイバーシティ経営」はどのような機会や環境を提供すべきであろうか。

　社員目線からみて、今後、女性の活躍推進に必要な重点 5 施策は、「女性の意識改革」、「多様な働き方の導入」、「管理職やチームリーダーへの女性の登用」、「女性のキャリア形成に対する管理職の理解促進」、「全社員のワーク・ライフ・バランスの促進」である。

　特に「女性の意識改革」は、女性がキャリア・モチベーションを向上させ、現在とは違う仕事や責任を伴う仕事にチャレンジし、管理職やチームリーダーへの昇進・昇格を目指すうえで重要である。現状の「ダイバーシティ経営」は、多くの社員がそのメリットとして「社員は主体的に自らのキャリアをデザインできる」、「社員はキャリアの選択肢が広がる」と評価するには至っていない。

　女性が主体的に自らのキャリアをデザインし、それに必要な職業能力を開発するためには「教育・研修」の整備が不可欠である。「女性管理職又は管理職候補を対象とした研修」を実施している企業は 6 割を超えているが、キャリアの中断を余儀なくされる「産休・育休取得者への復帰に向けたキャリアプランに関する研修」を行っている企業はまだ 4 割に満たない。

　さらに今回「調査」で得られた、「ダイバーシティ経営」において女性のキャリア形成を進めるためには、女性への教育・研修に先行して、管理職・リー

ダーへの「多様な人材のマネジメント」研修や社員全体の「ダイバーシティ経営」への理解、多様な人材によるチームづくり、働くモチベーションアップに関する研修が必要だという新たな知見は貴重なものである。

これを裏づけるように、5割弱の社員が、今後女性の活躍に必要な施策に、女性のキャリア形成に対する「管理職の理解促進」や「男性社員の理解促進」を挙げている。女性の意識改革や女性への教育・研修に留まらず、むしろそれ以上に女性のキャリア形成を促進する職場環境の醸成が求められている。

最後に、「ダイバーシティ経営」における女性のキャリア形成と女性の活躍の環境整備として「長時間労働の是正」による「全社員のワーク・ライフ・バランスの促進」と「多様な働き方の導入」が不可欠であることは論を俟たない。2019年4月の「働き方改革関連法」(「働き方改革を推進するための関係法律の整備に関する法律」2018年7月6日公布)の施行は、企業におけるこれらの施策を一層推進するものであるが、働き方関連の制度の整備・改革は、女性をはじめ多様な人材が活躍できる「ダイバーシティ経営」の理念に沿った実施が重要である。

本章が課題とした「ダイバーシティ経営」における「女性のキャリア形成」については、第2章で、「ダイバーシティ経営のグッド・プラクティス企業」とそこで活躍する女性へのインタビューによってさらに掘り下げている。参照されたい。

謝辞

「ダイバーシティ経営の推進と女性のキャリア形成に関する調査」にご協力頂きました昭和女子大学ダイバーシティ推進機構会員企業の皆様、並びに、「社員アンケート」にご回答下さいました社員の皆様に心からお礼申し上げます。

注
1) 谷口(2008)は、日本においてダイバーシティの議論が開始されたのは、「日経連　ダイバーシティ・ワークルール研究会」が設立された2000年からであると述べている。

2) 2016年の労働力人口は6,648万人であった（総務省統計局「労働力調査年報」2016年）。男女別、年齢5歳階級別の労働力率が2016年と同じとして、2017年4月公表の「日本の将来推計人口（平成29年推計）」（国立社会保障・人口問題研究所）から将来の労働力人口を算出すると、2030年には768万人減少して5,880万人に、さらに2065年には3,946万人となり、2016年と比較しておよそ4割の減少が見込まれている（みずほ総合研究所 みずほインサイト「少子高齢化で労働力人口は4割減——労働率引き上げの鍵を握る働き方改革」2017年5月31日）。

他方、生産年齢人口も、「日本の将来推計人口（平成29年推計）」によれば、2015年の7,728万人（総務省統計局「国勢調査」2015年）が、2030年には6,875万人に、2065年には4,529万人に減少すると推計されている（出生中位・死亡中位推計）。

3)「（新・）ダイバーシティ経営企業100選」については2012年度（平成24年度）から毎年度、『ベストプラクティス集』が発行されている。「ダイバーシティ経営」の本定義は『平成25年度ダイバーシティ経営企業100選ベストプラクティス集』に登場し、その後踏襲されている。

4)「新・ダイバーシティ経営企業100選」事業では、2017年度（平成29年度）から「多様な属性の違いを活かし、個々の人材の能力を最大限引き出すことにより、付加価値を生み出し続ける企業を目指して、全社的かつ継続的に進めていく経営上の取組」を「ダイバーシティ2.0」と位置づけ、それを実践するに当たって取るべき「ダイバーシティ2.0行動ガイドライン——実践のための7つのアクション」を策定した。同ガイドラインに基づき「ダイバーシティ2.0」に取り組んでいると評価された企業2社が「平成29年度100選プライム」として選定されている。詳細は、経済産業省（2018）を参照されたい。

5) 産学連携ダイバーシティ研究会の会員企業からの参加メンバーは異動などにより出入りがあったが、毎年10社程度から参加があった。本研究会の2018年度の活動については昭和女子大学ダイバーシティ推進機構のホームページを参照されたい。

（https://swu.ac.jp/diversity/collaboration/, 2018/9/7アクセス）

6) 研究プロジェクトが実施した①「ダイバーシティ経営の推進と女性のキャリア形成に関する調査」の結果については本章で、②選定された「ダイバーシティ経営のグッド・プラクティス企業」と女性社員に対するインタビューについては、本書「第2章 ダイバーシティ経営における女性の活躍とリーダーシッ

プ──グッド・プラクティス企業と女性社員へのインタビューから──」において考察している。
7)「管理職」には女性管理職を含み、「女性社員」には管理職女性を含んでいる。
8)「ダイバーシティ経営」の「プラスの影響／マイナスの影響」の選択肢は産学連携ダイバーシティ研究会で議論して思いつく限りで作成したが、これで充分とは思っていない。そもそも顧客への影響については、該当する選択肢そのものが少ないことが回答に影響している。今後の課題である。
9) 回答の4択は、「満足している」、「やや満足している」、「あまり満足していない」、「満足していない」である。

引用文献（著者アルファベット順）

経済産業省（2018）『平成29年度 新・ダイバーシティ経営企業100選 100選プライム 100選 ベストプラクティス集』
（http://www.meti.go.jp/policy/economy/jinzai/diversity/kigyo100sen/practice/pdf/H29_diversity_bestpractice.pdf, 2018/8/5 アクセス）

経済産業省編（2012）『ダイバーシティと女性の活躍──グローバル化時代の人材戦略』財団法人 経済産業調査会.

森ます美（2017）「地域における女性の活躍推進と男女共同参画社会の実現」独立行政法人国立女性教育会館編『地域連携による女性活躍推進の実践─持続可能な地域づくりに活かす行政と民間のつながり─』悠光社, 8-17.

佐藤博樹（2017）「ダイバーシティ経営と人材活用──働き方と人事管理システムの改革──」

佐藤博樹・武石恵美子編（2017）『ダイバーシティ経営と人材活用──多様な働き方を支援する企業の取り組み──』東京大学出版会.

谷口真美（2005）『ダイバシティ・マネジメント──多様性をいかす組織──』白桃書房.

谷口真美（2008）「組織におけるダイバシティ・マネジメント」『日本労働研究雑誌』（574/May), 69-84.

第2章　ダイバーシティ経営における女性の活躍とリーダーシップ
　　　　――グッド・プラクティス企業と女性社員へのインタビューから――

伊藤純・斎藤悦子

1. はじめに

　一般に女性活躍のグッド・プラクティス企業（以下、文中ではGP企業と記す）は、女性管理職・役員比率や勤続年数等の雇用管理の側面から論じられる。筆者らは、昭和女子大学ダイバーシティ推進機構の「産学連携ダイバーシティ研究会」（2016年10月～2019年3月）の研究メンバーである。本研究会では、ダイバーシティ経営が女性のキャリア形成に及ぼす影響やその促進要因・阻害要因等を明らかにするために、ダイバーシティ推進機構の会員企業に対するアンケート調査を2017年7月～9月に実施した[1]。アンケート調査は各企業の人事部等担当者に対するもの（「企業アンケート」）及び社員に対するもの（「社員アンケート」）の2種類であった。

　本章では、「企業アンケート」・「社員アンケート」によりGP企業を選出した結果ならびにGP企業のダイバーシティ推進部署担当者や女性社員に対するインタビュー結果から得られた知見をもとに、企業のダイバーシティ経営における女性の働き方・キャリア形成、リーダーシップ等について論じる。なお、本調査研究は昭和女子大学倫理審査委員会の審査・許可を受けて実施したものである。

2. グッド・プラクティス企業選出の目的および選出方法

　GP企業選出の目的は、ダイバーシティ経営における女性活躍推進に関する各種制度や人材育成の取り組みと社員の意識を把握し、GP企業各社の特

徴や共通点から今後の女性の働き方・キャリア形成とリーダーシップのあり方の参考とすることである。

GP企業選出については、調査協力企業26社について「企業アンケート」からの要素と「社員アンケート」からの要素の双方を得点化し、合計得点の高い企業を上位3つまで選出した。

「企業アンケート」からの要素としては、①男女の平均勤続年数が全国平均並み[2]で且つ女性の平均勤続年数が男性の平均勤続年数より短くない（女性≧男性）企業、②役員に占める女性比率が高い企業（上位3社）、③管理職（課長以上）に占める女性比率が高い企業（上位3社）、④係長級職に占める女性比率が高い企業（上位3社）、「女性管理職又は管理職候補を対象とした研修」「男性管理職向けダイバーシティ推進研修」「産休・育休取得者への復帰に向けたキャリアプランに関する研修」の3つの研修のうち、全てを実施している企業に対して、それぞれ5点ずつの得点を付与した。

また、「社員アンケート」においては社員のダイバーシティ経営・女性活躍等についての認識の度合いを評価した。その際、要素（社員アンケート票のQ1、Q5、Q7、Q10）ごとに上位3社にそれぞれ5点ずつ配点した。各要素について具体的にみておく。Q1は「ダイバーシティ経営のイメージ度」である。選択肢から5つ以内を選択、社員が選んだ平均項目数が多いほどダイバーシティ経営に対して社員が豊かなイメージを持っていると考え、評価基準として用いた。Q5は「ダイバーシティ経営のプラスの影響への認識度」である。選択肢から4つ以内を選択、社員が選んだ平均項目数の多い企業を評価した。Q7は「会社が女性活躍のために取り組んでいる施策」である。全21項目の施策の中で社員が挙げた施策数の多い企業を、女性活躍施策に積極的に取り組んでいる企業として評価した。Q10については、社員の「仕事・処遇・人間関係・生活に対する平均満足度得点」を算出し、満足度の高い企業を評価した。これは、日常の「仕事・処遇・人間関係・生活」に対する社員の満足度の高さはダイバーシティ経営推進の好条件となると考えたことによる。

3. グッド・プラクティス企業選出結果

(1)「企業アンケート」および「社員アンケート」からの要素にみる得点結果

表2-1は、「企業アンケート」からの要素にみる26社の得点状況、表2-2は、「社員アンケート」からの要素にみる調査対象企業26社の得点状況である。

表2-1および表2-2の結果により、各企業の得点の合計を出し、相対的に

表2-1 「企業アンケート」からの要素にみる各企業の得点状況と合計得点

企業	code	平均勤続年数			役員女性比率	管理職女性比率	係長級職女性比率	研修実施状況*				合計得点
		男性	女性	女性-男性				研修A	研修B	研修C	研修A～C全て実施	
A社	36	19	14	-5.0	N.A.	4.0	N.A.	実施	実施	実施	○	5
B社	9	18	12	-6.0	7.14	3.8	32.5	実施せず	実施	実施	×	5
C社	15	19	14	-5.0	11.8	7.1	17.4	実施せず	実施	実施せず	×	5
D社	28	14	8	-6.0	0	1.3	0.0	実施	実施せず	実施せず	×	0
E社	2	22	18	-4.0	0	20.0	42.0	実施	実施	実施	×	5
F社	29	10	5	-5.0	3	9.0	27.0	実施せず	実施	実施せず	×	0
G社	6	19	19	0.0	0	3.0	13.0	N.A.	N.A.	N.A.	×	0
H社	14	17	10	-7.0	0	5.0	11.0	実施	実施	実施せず	×	0
I社	31	18	6	-12.0	0	0.6	3.6	実施	実施	実施	×	0
J社	27	17	10	-7.0	0	7.0	N.A.	実施せず	実施せず	実施	×	0
K社	7	15	12	-3.0	0	5.0	4.8	実施せず	実施せず	実施	×	0
L社	21	19	13	-6.0	3.7	5.7	11.2	実施	実施	実施	○	5
M社	24	8	9	1.0	4.5	28.0	77.0	実施せず	実施	実施	○	15
N社	18	15	11	-4.0	0	11.0	60.0	実施	実施	実施	○	10
O社	16	18	13	-5.0	3.4	11.1	18.6	実施	実施	実施	○	5
P社	8	22	18	-4.0	2.7	6.2	14.2	実施	実施	実施	○	5
Q社	12	19	17	-2.0	8.3	0.2	0.4	実施	実施	実施	○	10
R社	34	21	17	-4.0	0	2.3	1.3	N.A.	N.A.	N.A.	×	0
S社	11	6	4	-2.0	0	12.0	N.A.	N.A.	N.A.	N.A.	×	0
T社	30	15	9	-6.0	0	13.2	44.1	N.A.	N.A.	N.A.	×	5
U社	3	39	33	-6.0	0	2.8	15.3	N.A.	N.A.	N.A.	×	0
V社	17	N.A.	N.A.	-	8.3	6.0	22.0	実施	実施せず	実施	×	5
W社**	13	N.A.	N.A.	-	66.7	20.2	N.A.	実施せず	実施	実施	×	5
X社	20	16	16	0.0	5	6.4	10.3	N.A.	N.A.	N.A.	×	0
Y社	26	20	13	-7.0	0	5.1	N.A.	実施せず	実施	実施せず	×	0
Z社	4	20	16	-4.0	5.26	13.1	24.7	N.A.	N.A.	N.A.	×	0

注：表中の網掛け部分は5ポイントの得点が入ったことを示す。
*研修実施状況における研修Aは「男性管理職向けダイバーシティ推進研修」、研修Bは「女性管理職又は管理職候補を対象とした研修」、研修Cは「産休・育休取得者への復帰に向けたキャリアプランに関する研修」を指す。
**W社は役員総数3名と分母が少ない中で役員女性比率が高いため対象から除外した。

表2-2 「社員アンケート」からの要素にみる各企業の得点状況と合計得点

企業	code	Q1 平均値	Q5 平均値	Q7 平均値	Q10 平均値	合計得点
A社	36	3.78	3.05	5.26	32.88	0
B社	9	3.76	3.41	7.34	31.20	0
C社	15	3.82	3.45	5.19	32.32	0
D社	28	4.26	3.58	5.53	30.69	0
E社	2	4.22	3.65	10.48	32.41	5
F社	29	4.45	3.80	6.03	30.13	5
G社	6	4.00	3.44	6.38	30.00	0
H社	14	3.97	3.43	5.16	30.29	0
I社	31	4.08	3.59	9.63	32.80	5
J社	27	4.41	3.63	8.13	30.75	0
K社	7	4.45	3.65	6.33	32.20	0
L社	21	4.44	3.59	9.44	31.34	0
M社	24	4.20	3.53	4.64	32.25	0
N社	18	4.58	3.81	9.46	34.25	10
O社	16	4.48	3.70	8.80	34.39	5
P社	8	4.68	3.77	8.66	31.21	10
Q社	12	4.28	3.68	7.74	33.96	5
R社	34	3.92	3.43	4.03	29.71	0
S社	11	3.94	3.49	4.70	30.50	0
T社	30	3.70	3.62	4.73	30.57	0
U社	3	3.79	3.50	4.80	29.42	0
V社	17	4.62	3.74	6.51	30.57	5
W社	13	4.42	3.37	6.00	31.00	0
X社*	20	4.33	4.00	6.67	33.67	0
Y社	26	4.60	3.64	11.17	33.70	10
Z社	4	3.41	3.63	4.19	30.32	0

注：表中の網掛け部分は5ポイントの得点が入ったことを示す。
*X社は回答者数が3名と少なかったため得点付与の対象外とした。

高い得点となった上位3社を「ダイバーシティ経営」のGP企業とした。GP企業として選出されたのは、N社（企業コード18；「企業アンケート」得点10点＋「社員アンケート」得点10点＝合計20点）、P社（企業コード8；「企業アンケート」得点5点＋「社員アンケート」得点10点＝合計15点）、Q社（企業コード12；「企業アンケート」得点10点＋「社員アンケート」得点5点＝15点）の3社であった。なお、M社（企業コード24）も合計得点は15点であるが、内訳は「企業アンケート」からの要素が15点、「社員アンケート」からの要素は0点であったことからGP企業の対象外とした。

(2) グッド・プラクティス企業3社の概要

表2-3は、GP企業3社に選定されたN社、P社、Q社の概要である。企

表 2-3 GP 企業 3 社の概要

	N 社	P 社	Q 社
企業規模	1-500 人	3001-5000 人	5001 人以上
業種	製造業	製造業	製造業
業歴	50 年以上	50 年以上	50 年以上
女性社員比率	25.5%	25.0%	8.7%
男女の平均勤続年数	男性 15.0 年 女性 11.4 年	男性 22.2 年 女性 17.9 年	男性 19.0 年 女性 17.0 年
新卒採用女性比率	23.5%	38.8%	21.3%
役員女性比率	0.0%	2.7%	8.3%
管理職女性比率	11.0%	6.2%	0.2%
係長級職女性比率	60.0%	14.2%	0.4%
ダイバーシティ推進専属部署	あり	あり	あり
教育・研修	あり	あり	あり
コース別管理制度	あり	あり	あり
制度数（12 制度中）	10 制度	12 制度	10 制度

業規模にばらつきはあるが、いずれの企業も製造業で業歴は 50 年以上である。女性社員比率は Q 社のみ 8.7％と少なく、これに影響されてか管理職女性比率や係長級職女性比率も低めである。N 社・P 社とも正社員女性比率は 25％以上であり、特に P 社は新卒採用女性比率が 38.3％と高い。N 社は係長級職女性比率が 60％と高いが、女性役員は（調査時点では）いなかった。3 社ともダイバーシティ推進の専属部署を有し、両立支援のための制度の整備状況は 26 社中トップクラスであった。

なお、「社員アンケート」の回答者数及び女性割合は、N 社が 62 名（40.3％）、P 社が 73 名（45.2％）、Q 社が 50 名（52.0％）であった。回答者の年齢階級別割合のボリュームゾーンは 3 社とも 45~49 歳で、それぞれ 27.4％、24.7％、24.0％。管理職割合は、それぞれ 58.1％、54.8％、42.0％であった。また、回答者の所属について、N 社は人事・総務・経理部門が 75.8％と最も多く、P 社は企画・マーケティング・広報部門（35.6％）、営業・販売・サービス部門（15.1％）の二つで約半数を占め、Q 社は人事・総務・経理部門で 52.0％、営業・販売・サービス部門で 12.0％などとなっていた。雇用管理区分では 3 社とも総合職相当が 8 割程度であった。両立支援のための 12 の制度のうち利用率が 20％を超えて高かったものは、N 社では「フレックスタイム制」（98.4％）、「在宅勤務」（61.3％）、「配偶者出産休暇（男性）」（30.0％）、P 社では「始業・終業時刻の繰上げ・繰下げ」（27.4％）、「育児休暇」（20.5％）、Q 社では「フレッ

クスタイム制」（46.0%）であった。

(3) グッド・プラクティス企業選定の要素からみた各社の特徴

以下、GP企業3社について、GP企業選定のために使用した要素からみた特徴を述べる。各要素の詳細項目については第1章を参照されたい。

1) N社

「企業アンケート」からの要素のうち、係長級職女性比率が60%と26社中2番目に高く、教育・研修は3種類とも実施していた。

「社員アンケート」の要素のうち、「ダイバーシティ経営がもたらすプラスの影響に対する認識（Q5）」では、社員が選んだ平均項目数が4つまで選択できるところ1人平均3.81と最も高い数値であった（回答者数が3人と少なかったX社を除く。以下同様）。その内容として上位に挙がっていた項目は「柔軟な働き方を選択する社員が増えることにより生産性が向上する（62.9%）」「企業の社会的イメージアップに効果がある（53.2%）」「企業は優秀な人材が集められる（43.5%）」「社員は多様な働き方により、就業が継続しやすくなる（41.9%）」「社員は主体的に働き方を選ぶことができる（40.3%）」などであった。また、社員の「仕事・処遇・人間関係・生活に対する満足度（Q10）」において、平均満足度得点が26社中2番目に高かった（全体平均31.73のところ、34.25）。特に「満足している」が50%を超えて高かった項目は「友人関係（66.2%）」「同僚・後輩との人間関係（58.1%）」「上司との人間関係（56.5%）」「上司の評価（53.2%）」などであり、公私ともに人間関係が良好であると感じている社員が多いことが窺えた。また、得点には結びついていないものの「ダイバーシティ経営のイメージ度（Q1）」は26社中4番目に高かった。しかし、一方で「会社が女性活躍のために取り組んでいる施策（Q7）」として社員が挙げた平均項目数は9.46（26社中4位）であった。

2) P社

「企業アンケート」からの要素では教育・研修の実施で得点し、「社員アン

ケート」からの要素では、社員の「ダイバーシティ経営のイメージ度（Q1）」で社員が選んだ平均項目数が 26 社中最も多かった（5 つまで選択できるところ 1 人平均 4.68）。その内容としては「女性の活躍推進（91.8％）」「グローバル人材の活躍推進（74.0％）」「ワーク・ライフ・バランスの推進（50.7％）」「障害者の活躍推進（45.2％）」などが上位に挙がっていた。また、社員の「ダイバーシティ経営がもたらすプラスの影響に対する認識（Q5）」で社員が選んだ平均項目数は 26 社中 3 番目に多かった（4 つまで選択できるところ 1 人平均 3.77）。その上位に挙がっていたのは「社員は多様な働き方により、就業が継続しやすくなる（47.9％）」「柔軟な働き方を選択する社員が増えることにより生産性が向上する（45.2％）」「企業は優秀な人材が集められる（41.1％）」といった就業継続・人材確保の項目のみならず、「顧客は多様な発想のもとに生まれた商品・サービスを享受できる（39.7％）」「企業は新たな価値を有する商品・サービスの提供ができる（37.0％）」というような商品・サービス開発への効果に関する回答が一定程度含まれていた。これは回答者の 5 割が「企画・マーケティング・広報部門」「営業・販売・サービス部門」に所属していたことによるのではないかと推察される。その一方、「会社が女性活躍のために取り組んでいる施策(Q7)」の平均項目数は 8.66 と 26 社中 7 位であった。

3）Q 社

「企業アンケート」の要素では役員女性比率が 8.3％で 26 社中第 2 位となっており、教育・研修も 3 種類全てを実施していた。「社員アンケート」からの要素では社員の「仕事・処遇・人間関係・生活に対する満足度（Q10）」において、平均満足度得点が 3 番目に高かった（全体平均 31.73 のところ、33.96）。「満足している」と回答した割合が 50％を超えて上位に挙がっている項目は、「給与（70.0％）」「上司の評価（64.0％）」「処遇（62.0％）」「上司との人間関係（58.0％）」など、仕事・処遇の満足度が高い傾向がみられた。また、得点には結びついていないが、「ダイバーシティ経営がもたらすプラスの影響に対する認識（Q5）」は 26 社中 6 位、「会社が女性活躍のために取り

組んでいる施策(Q7)」は 26 社中 9 位であった。その施策の中でも「女性の意識改革」は 64.0％と最上位に位置しており、同項目が調査協力企業 26 社平均で 30.6％、N 社では 24.2％、P 社では 46.6％であったのと比べると特徴的であった。

　これらの結果を受け、GP 企業の取り組みの実際をさらに深く考察し、先行事例として他の企業と経験を分かち合うという目的の下、3 社それぞれのダイバーシティ推進部署の担当者および当該企業が考える「社内で活躍している女性社員」に対して、下記のとおりインタビュー調査を実施した。

4. グッド・プラクティス企業のダイバーシティ推進専属部署担当者へのインタビュー

　GP 企業 3 社のダイバーシティ推進専属部署担当者に対するインタビュー概要を表 2-4 に、インタビュー項目を表 2-5 に示す。
　本章は、このうち女性のキャリア形成・女性活躍についての回答を中心に各社の取り組みの特徴を述べる。

1) N 社（a さん・b さん）

　N 社では、ダイバーシティ経営の推進部署に先駆けて 2008 年 9 月に女性活躍推進担当が発足した。世間の女性活躍推進の動向に呼応する形で社内プロジェクトも実施された。その後、2014 年 4 月に系列会社にダイバーシティ推進室が、2016 年 4 月には組織編成により親会社にダイバーシティ推進グループという形で専属部署ができた。

　ダイバーシティ経営に取り組んだことにより、女性社員が出産・子育てをしながら就業継続するということはごく当たり前となった。一方で、誰かに限定した形で制度をつくると逆に使いづらいという声が女性社員からあったため、施策の対象を全社員に広げていった。現在は働き方改革の推進と相まって、全社員にとって使いやすい制度や環境が整ってきていると思っている。

　また、女性が活躍している状態とは、「それぞれの社員が、今までのキャリアの中で培ってきた強みをしっかりと今の業務の中で発揮できる状態」「自

第2章 ダイバーシティ経営における女性の活躍とリーダーシップ

表2-4 ダイバーシティ推進専属部署担当者に対するインタビュー概要

	ダイバーシティ推進部署担当者			インタビュー実施日時	インタビュー担当者
N社	aさん	bさん		2018年5月21日（月）10:00-11:30	伊藤・斎藤ほか2名
P社	cさん	dさん	eさん	2018年5月14日（月）10:00-11:30	伊藤・斎藤ほか2名
Q社	fさん	gさん		2018年5月7日（月）10:00-11:30	伊藤・斎藤ほか2名

表2-5 ダイバーシティ推進専属部署担当者に対するインタビュー項目

1. ダイバーシティ経営の取り組み状況とその影響について
Q1. 御社では、いつ、どのようなことを目的として、ダイバーシティ経営の取り組みを開始されましたか。また、ダイバーシティ経営の推進部署（専属部署）ができたのは何年何月ですか。
Q2. 御社ならではのダイバーシティ経営の取り組みがありましたら、教えてください（重点、戦略、施策など）。また、どのような経緯からその取り組みが始まり、なぜその取り組みに力点が置かれているとお考えですか。
Q3. ダイバーシティ経営に取り組む前と後とで、会社、社員、顧客、取引先に対してどのような効果・成果もしくは影響（プラスの影響・マイナスの影響）がありましたか。
Q4. 女性活躍の推進に限らず、ダイバーシティ経営の課題をどのようにとらえていますか。
また、その課題の克服に向けて、今後どのようなことに取り組んでいきたいですか。

2. 女性のキャリア形成・女性活躍について
Q5. 御社では、ダイバーシティ経営に取り組んだことにより、女性のキャリア形成にどのような影響があったとお考えですか。
Q6. 御社では女性が活躍している状態とは、どのようなものであると捉えていらっしゃいますか。
Q7. 御社では女性のキャリア形成の環境（もしくは、女性が活躍できる環境）をどのように整備されていますか。また、女性のキャリア形成を推進するためには、会社の施策を受けとめる側の社員の意識改革も必要かと思います。これらについて、お考えをお聞かせください。
Q8. 職場において女性に求められるリーダーシップとは、どのようなものであると考えていらっしゃいますか。また、リーダーシップを培う方法として「女性管理職又は管理職候補を対象とした研修」以外にどのような方法が有効であると考えていらっしゃいますか。既に実践中の研修等があればそちらもご紹介ください。
Q9. 御社のダイバーシティ経営における女性のキャリア形成・女性活躍推進の課題は何ですか。その課題の克服に向けて、今後どのようなことに取り組んでいきたいとお考えですか。

分の良さをしっかりと業務の中で発揮できるような状態」ではないかと思っている。女性については女性活躍推進の目標の下、管理職になって活躍できる人材の育成と、若手からキャリア意識を持たせることを重視しており、キャリア形成に関する社内の取り組みとして、若手社員や40、50代の社員向けに「キャリアアドバイザー」というベテラン社員との面談の機会も設けている。女性のリーダーシップについては、実配置の中で実力を付け、そこで成果を出してもらうことが、周囲の納得度も高いと思われる。社内研修だけではなく、Off-JTとしてマネジメント層を育てるための選抜制の社外研修を

実施している。また、さらにその上の経営幹部層を養成するための講座にも女性の参加を促しており、この講座修了者から女性社長が誕生したことからも効果が高いと考えている。

2）P社（cさん・dさん・eさん）

　P社では、2016年4月から正式にダイバーシティ推進の取り組みがスタートした。発足当初は人材開発という大きなテーマの中の一つにダイバーシティという課題を位置づけていた。2018年春に人材活躍推進課はダイバーシティ推進部となった。女性社員には40代ぐらいになるまでにキャリアが分からなくなってしまう、諦めてしまう状態があったため、自分のキャリアを描き、具体的な一歩が踏み出せるような支援を進めていくこととした。マネージャーが部下一人ひとりに向き合い、チームとしてのパフォーマンス向上につなげられるよう、20代後半から40歳代の女性社員と上司である課長クラスの社員がペアで参加するキャリアデザインマネジメント学習会のような取り組みに注力している。現在、グループ会社としては、ダイバーシティへの取り組みを経営課題として押さえ、男女の区別をなくし、働きがいのある職場を目指すことに取り組んでいる。そのスタートラインが女性活躍推進である。ダイバーシティ経営に取り組んだことにより、キャリアの選択肢が広がったということが考えられる。

　女性が活躍している状態については、「自分の価値を本人が理解して、それが最大限発揮できている状態」「一人ひとり、それがいろいろな形で発揮できている状態」と考えている。また、リーダーシップは管理職だけがとるべきものではないと認識している。それゆえに、一人ひとり、自分のキャリアにもリーダーシップをとらなければいけないし、1つの仕事の中でリーダーシップをとる場面が出てくる。決まったリーダーシップの形があるわけではなく、チームのメンバーと対話をしながら、自分は一体どういうリーダーシップをとるかということを見つけていくことも社員として大事なことである。

3) Q社（fさん・gさん）

2015年7月に人事部の中に人材多様化推進グループが発足した。元々女性比率が非常に少ない会社で、男性的な仕事の仕方が主流であり、女性が結婚しても就業継続できない状況もあったため、女性が働きやすい施策の整備からダイバーシティの取り組みをスタートさせた。専属部署ができてからは、かつての一般職採用といまの総合職採用の女性の意識の差を埋め、一人ひとりがやりがいを感じられるようになるにはどうすればよいかというところに注力し活動を推進している。また、2018年4月には、サステナビリティ戦略室を発足させ、その中にダイバーシティ推進課を置いた。人事部は人事的な側面からダイバーシティの推進を行い、サステナビリティ戦略室は経営的な観点から課題を抽出し、人事部と協力しながら課題解決していくという関係性である。

ダイバーシティ経営に取り組んだことにより、特に、総合職で入社した女性は、ライフイベントを超えてでもキャリアを積みたいと思っているので、そのようなことについての役職者の理解が進んだと思われる。さらに、一般職から総合職に職群転換した女性たちの意識を把握し、年に2回、各部の人事担当役職者にフィードバックするとともに、各部の次長クラスがメンターとなり、女性の意識をもとに部ごとの課題に対する目標の設定、振り返り（発表）の機会を設けている。

女性が活躍している状態とは、「女性社員が経営計画の実行具体化に携わり、意思決定・判断をしていくこと」「全ての女性が自分の職務が会社の一切に必要であると認識しやりがいを実感すること」「仕事を楽しみながら、さらなる成長をさせていけるということ」を描いている。リーダーシップについては、「自信がない」「やったことがない」という意識があるようだ。背中を押してやらせてみて、女性が「そういう経験するのも普通なのだ」ということになれば、もっとどんどん出てくるのではないかとのことであった。

5. グッド・プラクティス企業が考える「活躍する女性社員」に対するインタビュー

GP 企業各社が考える「活躍する女性社員」（以下、女性社員と略記）に対するインタビュー概要、インタビュー項目、インタビュー協力者プロフィールを表 2-6、表 2-7、表 2-8 に示す。

本調査では、活躍する女性のキャリア形成とリーダーシップに関連する要因は何かをリサーチクェスチョンとした。GP 企業において選出された 6 人の女性社員のインタビュー結果は、テーマ中心の質的テキスト分析のプロセスに従い（クカーツ 2018）、コーディングを行った後、13 カテゴリーを抽出

表 2-6　女性社員に対するインタビュー概要

	女性社員	インタビュー実施日時	インタビュー担当者
N 社	A さん	2018 年 7 月 2 日（月）10:00-11:00	伊藤・斎藤ほか 1 名
	B さん	2018 年 7 月 2 日（月）11:00-12:00	
P 社	C さん	2018 年 6 月 25 日（月）11:30-12:30	伊藤・斎藤ほか 2 名
	D さん	2018 年 6 月 25 日（月）12:30-13:30	
Q 社	E さん	2018 年 6 月 26 日（火）14:30-15:30	伊藤・斎藤
	F さん	2018 年 6 月 26 日（火）15:30-16:45	

表 2-7　女性社員に対するインタビュー項目

質問 1	ダイバーシティ経営の推進とあなたの働き方、キャリア形成について
1-①	御社におけるダイバーシティ経営の推進は、あなたのキャリア形成にプラスの影響を及ぼしていますか？プラスの効果があれば、具体的にお話しください。
1-②	あなたがキャリアを向上させるために会社にどのようなダイバーシティ施策を実施してもらいたいですか？
質問 2	「女性が活躍している状態」についてのあなたの考えについて あなたが考える「女性が活躍している状態」とはどのようなものですか。また、あなたがその状態に近づくことを促進する（した）要因・阻害する（した）要因は何だと思いますか。
質問 3	あなたご自身のリーダーシップに対する考えと実践ついて
3-①	あなたはリーダーシップをどのような場面でどのように発揮していますか。また、あなたが考え実践しているリーダーシップを可能としている要因は何だと思いますか（上司や同僚の支持、職場の雰囲気、自身の振る舞い・言動など）。
3-②	あなたのリーダーシップスタイルのロールモデルとなる人がいましたか（いたとしたらどのような方でしたか）。
質問 4	あなたのキャリア形成において影響を及ぼした人・出来事について あなたのキャリア形成に影響を与えた人（上司、先輩、同僚、ロールモデル、メンター、スポンサー、夫、子供等）はいらっしゃいましたか。また、あなたのキャリア形成に影響を及ぼした出来事があればそのエピソードを教えてください。
質問 5	あなたの今後のキャリア形成についての展望・計画について あなた自身の今後のキャリア形成についての展望・計画について教えてください。

第2章　ダイバーシティ経営における女性の活躍とリーダーシップ

表2-8　女性社員のプロフィール

Aさん	2000年入社、関西地方にて営業担当。2005年に子会社に異動となり、ブランド戦略・宣伝業務を担当。2008年労働組合専従中央執行委員となり、休職。在任中に女性活躍推進に関する社内プロジェクトに参加。2010年子会社に出向。商品企画部、東日本支社流通営業を担当。2013年経営企画部へ異動。2016年社会環境部へ異動・担当課長となる。2017年グループ会社CSR部門に異動。現在に至る。
Bさん	2002年入社。東北地方に配属となり、量販営業担当。社内結婚後、第1子出産（育休1年間）、育休から復帰し、営業担当となったが、本社にてウェブを使ったインターネットプロモーションの営業職を公募していたことから応募。各グループ会社のデジタル、ウェブの相談役を担当。第2子出産を経て企画部に異動・社内のシステム整備等を担当、第3子出産後、営業本部に異動となり量販の店頭プロモーションを担当。第4子出産。その後、会社のマーケティング本部デジタルマーケティング部に異動となり、現在3年目となる。
Cさん	入社5年目。最初は営業業務職として東京支社に配属され2年間営業。その後、3年目から、今の人事総務部という部署に異動し、新卒採用や東京本社の建屋にいる社員の労務管理の担当をしている。
Dさん	入社後、20年関西地方にて営業であった。営業部門において全社でただ一人女性マネージャーとなった2年後に東京に異動。現在は営業企画・商品開発企画を行う部署にて、ビジネスユニットマネージャーとして、3年目を迎えている。
Eさん	入社時は総合計画室の新規プロジェクトの関係で、本社とは別のところに一般職として配属された。6～7年後、そのプロジェクトが終了し部署が解散となったので、人事部福祉課に異動。2006年までは一般職であったが、会社の方針により、2007年からは全員が総合職となった。現在所属している人事課では事業効率化・システム化・見える化総括等の業務を担当している。
Fさん	2004年に総合職として入社。情報システム部門に配属された（3年間）。その後広報室（4年間）、資源部（4年間）への異動を経て、現在の部門に異動して人事を担当し、3年目となる。

表2-9　抽出されたカテゴリー一覧

カテゴリー	コード数
(1) 職場環境と制度の整備	
職場環境・働き方	52
制度・研修	17
職場の変化・会社の女性活躍への姿勢	22
部署の異動	25
(2) 良好な人間関係の構築	
信頼・理解	17
傾聴・発言・コミュニケーション	20
サポート	15
(3) 働くことに対する自己認識	
仕事に対する姿勢	25
キャリア構築への思い	33
(4) リーダーシップのとらえ方	
リーダーの資質	13
自分が目指すリーダーシップ	28
ロールモデル	11
会社からの期待	8
合計コード数	286

した。13のカテゴリーは4つのメインカテゴリーにまとめられた（表2－9参照）。メインカテゴリーは、(1) 職場環境と制度の整備、(2) 良好な人間関

係の構築、(3) 働くことに対する自己認識、(4) リーダーシップの捉え方である。以下、メインカテゴリーごとに、一部、調査協力者の語りを交えながら分析結果を示す。

(1) 職場環境と制度の整備

　職場環境と制度の整備は、全体の中で最も多くのコード数を占めており、GP企業で活躍する女性のキャリア形成とリーダーシップの基盤となっていると思われる。サブカテゴリーとして、「①職場環境・働き方」「②制度・研修」「③職場の変化・会社の女性活躍への姿勢」「④部署の異動」が挙げられた。以下、サブカテゴリーごとに内容を示す。

　「① 職場環境・働き方」では、女性にとって働きやすい環境であるのみならず、男性にとっても良好で、性別を意識しない職場環境を望んでいる。多様な人々を受け入れ、仕事を任され、協力体制にある職場の雰囲気があり、自主的に仕事をしている感覚を全員が持っていた。働き方改革という言葉が多用され、在宅勤務やフレックスタイムを利用できることを多くの対象者が語り、自らの働き方の見直しを行っていた。

　「② 制度・研修」に関しては、時短勤務やフレックスタイム制度、在宅勤務などの両立支援に関する制度を学んで利用すると同時に自らが働きやすくなる制度に作りかえていく必要性が半数の対象者から語られた。

```
「会社にどんな制度があってとか学ぶというか、知る機会…それがすごく勉強になったなあと（Aさん）」
「制度、それこそ、ないものはつくればいいと思っているんですよね（Bさん）」
「男性も直面する問題…課題だと思っていまして、…そういう制度がどんどん声をあげて出来ていく、作っていく（Fさん）」
```

　研修は全員が参加した経験があり、その後のキャリア形成と人脈づくりに影響を与えていた。

　「③ 職場の変化・会社の女性活躍への姿勢」については、ダイバーシティ経営を契機としてプロジェクトが設置されたり、働き方や制度が変化し、まずは女性社員である自身の働き方に影響があった。例えば、従来は女性が参加しなかった会議への参加を求められたり、在宅勤務やフレックス勤務は、

最初に女性が適用可能となったことである。これらは、各企業の女性活躍に対する積極的な姿勢を調査対象者が理解していることを示している。

「④部署の異動」は、人生を大きく変化させる出来事として語る者が多かったが、ほぼ全員がダイバーシティ経営の一環であると認識していた。

数人からは異動当初の苦悩が語られたが、現在は異動を良い出来事、仕事をする上でのチャンスを得られる出来事であったと考えていた。

> 「悔しくて、断ろうとおもったんですよね。…（異動は）自分のキャリア形成には影響を及ぼした…（Aさん）」
> 「異動を聞いた時には正直、進退も考えたくらい悩みました。…異動となってるっていうことは、それなりの何かがあるんだなっていうのを考えるようになって…そこはでもダイバーシティだと思いました。・・今となっては異動させてもらってよかったなって（Dさん）」

(2) 良好な人間関係の構築

職場でいかなる人間関係を構築しているかは、リーダーシップの発揮やキャリア形成において重要な鍵となり、それは「①信頼・理解」「②傾聴・発言・コミュニケーション」「③サポート」の3カテゴリーに分けられた。「①信頼・理解」は、自らが他者を理解するのと同様に上司や同僚から理解されている状態を示すエピソードが全員から語られた。「②傾聴・発言・コミュニケーション」は、後輩や部下の話を傾聴することが相互の信頼を得ることにつながること、会議などで発言することやディスカッションすることで自信をもったこと、上司や同僚とコミュニケーションをとることで、キャリアを立て直すことができたといったことが挙げられた。「③サポート」については、全員がリーダーシップをとる経験の中で周囲からのサポートの経験を持っていた。以上の3カテゴリーは、相互に関連していた。

(3) 働くことに対する自己認識

GP企業において活躍する女性として選出された女性社員たちは、どのような思いで仕事をしているのだろうか。インタビュー結果から、「①仕事に対する姿勢」と「②キャリア構築への思い」の2カテゴリーが表出した。「①仕事に対する姿勢」は、目前の業務をしっかり行うこと、自らが不足している部分を学びながら仕事をすることが語られた。学びの場所は「現場に行く

（Fさん）」「経営塾に参加する（Dさん）」「（異動で）行く度、行く度……学びに行く（Aさん）」というように様々であるが、現状で得られるものは積極的に獲得しようとする意欲を持っていた。

「②キャリア構築への思い」については、仕事の幅を広げることを将来の目標としている語りが6人中5人に確認された。しかし、入社15年以上の3人からは、仕事の幅を広げることと同時に専門性が不足していることに対する苦悩が語られた。

> 「今さら専門性もなっていうような気がして、それだったらバラエティに富んで、切り替えて、また違うところに行って（Aさん）」
> 「わたしはいろんなことをしているので、専門性はないんですね。…専門性を磨くことはできなくても、スーパー的なジェネラリストになれればいいかなと思っているので（Bさん）」
> 「すごく固執してたんですけど、…女性として何か専門的なスキルとか、女性が生きていくためにはそういうほうがいいのかなとか、…あまりこだわりを強過ぎてしまうと、逆に機会を失ってしまう…（Fさん）」

数多くの異動により専門性を身に付けることは困難であったが、現在では多くの異動経験を積極的に受け止めて、仕事の幅を広げてジェネラリストとしてキャリア構築することを考えている。女性社員たちにとって、異動することは新たなチャレンジであり、チャンスであり、キャリア構築の要であると捉えられている。

（4）リーダーシップの捉え方

GP企業で活躍する女性社員たちは、それぞれにリーダーシップを発揮する機会を得ていた。彼女たちのリーダーシップの捉え方は「①リーダーの資質」「②自分が目指すリーダーシップ」「③ロールモデル」「④会社からの期待」の4カテゴリーから構成される。

「①リーダーの資質」は、一緒に頑張れる雰囲気づくりができる人、将来を見据えた計画性をもち、広い視野で考えられる人、信頼を得られる人間性のある人が挙げられた。

「②自分が目指すリーダーシップ」としては、「一緒に」「みんなの」「周りの人たち」という言葉が頻出した。調査対象者全員が、メンバーと一緒に協力しながら目標を達成していくリーダーシップを目指していた。

第2章　ダイバーシティ経営における女性の活躍とリーダーシップ

> 「ついてきなさいよ、みたいな感じではなくて、みんなの意見を聞きながらまとめたり（Fさん）」
> 「半年くらいは一緒にやって『この世界はこういうもんなんだよ』というのを教えて・・（Bさん）」
> 「周りの人たちが喜んでくれるような人になりたいな・・いかに周りに信頼してもらってとか・・（Aさん）」

「③ ロールモデル」は、6人中3人はいないと答えた。ロールモデルはいないが、自分は自分らしくあればいいと考えている。

> 「今、いない。常にいないです。…自分は、その人になれないし。（Dさん）」
> 「モデルとか…、あんまりないかなと。憧れる、どうなんだろうね。…ちょっと分かんないですね。…（Eさん）」
> 「すごく目指すべきロールモデルっていうのはいないっていうのが正直なところでして、自分は自分っていう考え（Fさん）」

残りの3人のロールモデルは、上司、先輩、父親であり、異性であってもロールモデルとみなしていた。

「④会社からの期待」については、6人中、勤続年数が比較的長い3人の語りにしか見いだせなかった。会社からの期待は、彼女たちの予期せぬ異動の際に表明されることが多い。キャリアの大きな変化にさらされた彼女たちにとっては、会社からの期待が伝えられることは、気持ちの折り合いをつけたり、その後の仕事の意欲に影響を与えていた。

> 「私自身に知見を広げてほしいという期待をいただいたのかなと思うようにしたら、だいぶ気持ちが収まった。（Dさん）」
> 「『会社も期待してるんだね』とは言われます。・・そう思わんとやってられないところもあるんですけど。（Aさん）」

以上、活躍する女性のキャリア形成とリーダーシップに関連する要因を(1)職場環境と制度の整備、(2) 良好な人間関係の構築、(3) 働くことに対する自己認識、(4) リーダーシップの捉え方により説明した。これらのカテゴリー間の関係を図式化したものが図2-1である。

GP企業の女性社員たちは、職場環境と制度の整備において、男女にとって働きやすい環境、性別を意識しない職場環境を望んでおり、現在、各種制度はそのように設計されつつある。働き方や制度が変化し、自身の異動はダイバーシティ経営の一環で、企業の女性活躍に対する積極的な姿勢であると理解していた。こうした職場環境と制度の整備による女性活躍推進は、良好

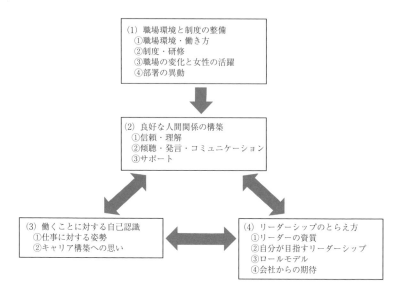

図 2-1 女性のキャリア形成とリーダーシップに関連する要因

な人間関係の構築に関連する。さらに、良好な人間関係の下で、働くことに対する自己認識を深め、リーダーシップの捉え方を磨いていくことができるのであった。働くことに対する自己認識は、リーダーシップの捉え方と関係していた。

6. まとめおよび提言

(1) 本研究のまとめ

　GP企業3社の取り組みの特徴として、ダイバーシティ経営への取り組みの第一歩として女性の就業継続・活躍推進のための制度・施策の整備に傾注していたが、数年のうちに女性に特化したものではなく全社員が働きやすい制度・施策を打ち出す方向に舵を切ったという共通点が見られた。また、女性のキャリア形成支援については、メンターやキャリアデザインアドバイザーを置くなど、職場の直属の上司だけにその役を担わせるのではなく、そ

の上司をサポートする体制を敷いているということがわかった。

　女性のキャリア形成やリーダーシップに対する考え方は、N社のダイバーシティ推進部署担当者が上級管理職への登用を基本的な方針としていたのに対し、P社、Q社は管理職に限らず一人ひとりの女性社員がそれぞれの役割を遂行する中で、それぞれに適したリーダーシップを発揮すればよいと考えていた。また、女性社員6人のインタビュー結果から、会社の方針と個々の思いは必ずしも一致していない部分もあることが窺えた。

　ダイバーシティ経営における女性の活躍とリーダーシップの発揮は、職場環境と制度の整備を前提とし、自らも良好な人間関係を構築し、働くことに対する自己認識を深め、自分なりのリーダーシップを発見し磨くことによって可能となることが示唆された。

(2) 提言

　今回の調査研究、特に女性社員へのインタビューを通して、ダイバーシティ経営において、女性の活躍に限らず一人ひとりがその真価を発揮するために重要な要素の1つとして、垂直・水平の関係性における相互理解と共感がある。特に職群転換や異動（生活拠点を大きく移さなければならないような異動）は、個人のキャリア形成やライフイベントに大きな影響をもたらす可能性がある。その際に経営層なり上司からの説明が不十分であると、愛社精神や仕事への情熱だけではカバーしきれない不安や不満が生じる恐れがある。特に、ある程度キャリアを積んだ未婚の女性については、男性社員並みに「活用」される傾向は未だ薄れていない。会社側は期待する役割について率直且つ丁寧に伝え、社員の側も率直に希望や不安を出し合えるような信頼関係の構築が重要である。

　また、そのような関係性の下で社員一人ひとりが、会社の期待を察知し目指す方向を共有し、自分の価値の発見と向上に努めていく姿勢が求められる。そのこと自体が多様化する会社組織、社会の中での自身のキャリア形成の基盤となり、自分自身のキャリアにリーダーシップをとることに繋がる第一歩となるだろう。

謝辞

　本調査研究にご協力いただきました昭和女子大学ダイバーシティ推進機構会員企業の皆様、特に、インタビューにご協力いただきましたN社、P社、Q社の皆様に深く感謝申し上げます。またデータの集計にご協力いただきました大橋重子氏、小森亜紀子氏、仙台瑞穂氏、インタビュー調査を共に実施した安藤百氏、西村美奈子氏、森ます美氏、青木美保氏に感謝いたします。

注
1) 本研究会及び調査の詳細については本書第1章を参照されたい。
2) 厚生労働省（2018）「平成29年賃金構造基本統計調査の概況」によれば、男性の平均勤続年数は13.5年、女性の平均勤続年数は9.4年である（https://www.mhlw.go.jp/toukei/itiran/roudou/chingin/kouzou/z2017/dl/13.pdf 2018年3月1日アクセス）

引用文献（著者アルファベット順）
厚生労働省（2018）「平成29年賃金構造基本統計調査の概況」（https://www.mhlw.go.jp/toukei/itiran/roudou/chingin/kouzou/z2017/dl/13.pdf 2018年3月1日アクセス）。
クカーツ・ウド、佐藤郁哉訳（2018）『質的テキスト分析法』新曜社、97-123.

参考文献（著者アルファベット順）
本間道子（2010）「我が国におけるリーダーシップの現状と社会心理学的背景」『現代女性とキャリア：日本女子大学現代女性キャリア研究所紀要』, (2), 43-65.
大槻奈巳（2011）「いまどんな女性人材が求められているか――若年キャリア形成の視点から――」『NWEC実践研究』(1) 20-35.
杉本あゆみ（2018）「女性の活躍推進に向けた企業取組施策への一提言」『千葉経済大学短期大学部研究紀要』, (14), 129-136.
渡辺三枝子（2009）「女性のキャリア形成支援のありかた――『ロールモデルに関する調査研究』の結果から――」『国立女性教育会館研究ジャーナル』(13) 16-26.

第3章　女性活躍推進の取り組みが社員の意識と満足度に与える影響

小森亜紀子・大橋重子

1. 問題意識

　少子高齢化の進む日本社会において労働力の確保は大きな課題であり、人材不足を解消する担い手として期待されているのが女性である。これまで中核人材として活用してきた、「男性、フルタイム勤務、転勤・残業の対応可能な人材層」が縮小することへの対応が求められるなかで（佐藤 2017：3）、女性の就業率はここ数年上昇傾向にあり、社会進出は進んでいる。総務省統計局の報告では、2017年平均の15～64歳の就業率は75.3％、男女別では女性が67.4％と比較可能な1968年以降最高値であったと示されている[1]。経済産業省が2012年に実施した「ダイバーシティと女性活躍の推進」のアンケート調査では、企業が期待するダイバーシティ経営の成果として、①プロダクトイノベーション　②プロセスイノベーション　③外的評価の向上　④職場内の効果が挙げられている。また、女性を単なる労働力として捉えるのではなく、女性活躍推進は日本の経済成長には欠かせないものと位置付け企業内で取り組みが進んでいることが明らかにされている。このような背景のもと、2016年4月1日に全面施行された「女性の職業生活における活躍の推進に関する法律」（以下、女性活躍推進法）では、女性の職場における活躍を推進することを目的として、①女性採用比率　②勤続年数男女差　③労働時間の状況　④女性管理職比率等の公表が義務化されている。これに関連し厚生労働省は、「女性の活躍推進企業」のウェブページを開設し、2018年10月現在、データ公表企業9,872社、行動計画公表企業11,898社が登録を行っている[2]。

労働市場の変化や法律の制定を受け、女性活躍に関する調査が実施され、各企業における取り組みが紹介され始めている。日本生産性本部（2017）は、女性コア人材の育成の現状と課題を明らかにするため「コア人材としての女性社員育成に関する調査」のアンケートを企業の人事またはダイバーシティ推進の責任者を対象に実施し、533社から回答を得ている。この調査結果では、女性活躍推進法に則って提出した「行動計画」の進捗について、従業員数300人以上の企業の約6割の企業が「進んでいる」とし、女性の活躍と組織の生産性向上・業績向上の関係については、全体の約5割の企業が「何らかの変化がある」と回答している。また、女性の活躍推進を経営方針などで明文化する、具体的な管理職登用に関する数値目標を設定するなど、企業側の積極的な取り組みが明らかになっている。さらに、女性活躍推進の効果として、女性社員の意識の高まり（50.1％）や、ワークライフバランスへの取り組みが進む（49.9％）、女性社員の離職率の低下（46.2％）といった社内の活性化に関する項目について、「効果があったか、出つつある」と回答する企業が多い結果となっている。

　このような企業の取り組みが開始されるなか、松浦（2017）は、企業における女性活躍推進の変遷を振り返り、依然として役職に占める女性の割合が低い水準である要因を分析している。そこでは、1986年以降に始まった女性活躍に関する取り組みに一貫性がなかったことを課題としたうえで、両立支援と女性社員の育成・登用といった均等推進の効果的な連動が、今後の女性活躍推進を成功させるための重要なポイントとして挙げている。さらに、企業が法対応として女性活躍に取り組むのではなく、経営戦略としての取り組みが重要であると位置づけ、長期的に取り組むことの必要性を指摘している。また、坂爪（2018）は、女性活躍推進と労働時間の削減・見直しが管理職の行動に与える影響に注目して調査を行っている。この調査結果から、部下のキャリア形成に肯定的な影響を与える管理職の行動である、①チャレンジの促進　②フィードバックの提供　③サポートの提供、の3つにおいて管理職が性別により異なる行動をとっていることを明らかにし、女性部下への期待が引き出す管理職の行動は、男性部下に比べて限定的であるとしている。

さらに、部下の育成にはネガティブな要素も含めてフィードバックが必要だが、育成を促す上司の行動自体が部下の性別によって異なり、会社の取り組みとして女性正社員を積極的に管理職に登用し活躍の場や能力開発の機会の拡大を求めることが、逆に女性社員に対する管理職の行動を抑制している可能性について指摘している（坂爪 2018）。

このように、人事やダイバーシティ推進部門に対して、自社の女性活躍推進の取り組み状況について確認するアンケート調査、データ収集や分析は進み始めている。また、企業内で女性活躍推進を実行する側の課題も指摘されている。一方、女性活躍に関する取り組みが行われている環境下にある社員自身を対象とした調査はまだ少なく、実態も明らかにされていない。多様な人材を受け入れる仕組み作りはもちろん、その新しい環境で働く社員が、働きやすさを実感し個々の能力を発揮できるか否かは、職場の活性化には欠かせない要素である。そのためにも、働く個人に注目し彼／彼女らが満足して働くことができているのか、確認することは必要であると考える。

本章では、「ダイバーシティ経営の推進と女性のキャリア形成に関する調査」で回収した「企業アンケート」と「社員アンケート」の2種類の調査結果を使用し、女性の活躍推進に関わる企業の取り組みが、社員に与える影響について検討する。具体的には、企業の女性活躍推進に関わる取り組みが、実際にその組織に所属する社員の意識や満足度にどのような影響を与えているのかを明らかにする。社員の側に視点を置くことで、現在、企業が中心となり策定・運用がなされている女性の活躍推進に関する様々な制度の問題点や今後の課題を明らかにすることを目的とする。

2. 企業の女性活躍推進の取り組みと社員の意識

（1）女性活躍得点の算出方法

今回使用するデータは、昭和女子大学ダイバーシティ推進機構産学連携ダイバーシティ研究会で行ったアンケート調査、「ダイバーシティ経営の推進

表 3-1　女性活躍得点グループ別　企業数・回答者数の内訳

グループ	平均得点	企業数	割合（%）	人数	割合（%）	男性（人数）	女性（人数）
5	24.6	5	19.2	423	32.6	209	209
4	21.2	5	19.2	185	14.3	95	89
3	16.7	6	23.0	228	17.6	117	108
2	13.8	5	19.2	194	14.9	100	93
1	9.6	5	19.2	268	20.6	135	130
合計	17.2	26	100.0	1,298	100.0	656	629

＊人数と男女の合計値の差は、性別未回答データ（13名）があるため。

と女性のキャリア形成に関する調査」の「企業アンケート」と「社員アンケート」の2つ（調査については第1章を参照）である。本調査の協力企業26社は、いずれもダイバーシティに対する興味関心は高く、女性活躍に関して問題意識を持っているという点において共通している。しかし、実際の仕組み作りや取り組みの進捗には、大きな差が見受けられる。そこで、それぞれの企業の取り組みを得点化することにより女性活躍の度合いによる比較が可能になると考え、「企業アンケート」で得た26社のデータの中から女性活躍推進法でも公表が義務化されている数値である、①正社員女性比率 ②新卒採用女性比率 ③役員女性比率 ④管理職（課長以上）女性比率 ⑤係長級職女性比率 ⑥平均勤続年数の男女差、の6項目を使用し「女性活躍得点」を算出した。「女性活躍得点」は、6項目それぞれを値の高い企業順に1〜26まで並べ、5つのグループに分け5〜1までの得点を付け、6項目の得点を集計した。最終的に、この集計得点を高い順に5〜1までの5グループに振り分け算出した。

5つのグループに分けた平均得点別の企業数と、各グループに属する回答者の人数は、表3-1の通りである（合計1,298、男性656、女性629）。この振り分けた5つの回答者グループ（以下、女性活躍得点グループ）を使用して分析を行っていく。なお、女性活躍について取り組みが進んでいるグループ5は、6項目の合計値30点満点の平均点が24.6、取り組みが最も遅れていると考えられるグループ1は9.6となった。また、回答企業26社中、企業別最高得点は28、最低得点は7という開きが明らかになった。

(2) 女性活躍得点グループ別にみた回答傾向

次に、女性活躍得点グループを使用し、企業の取り組み状況がそこに所属

第3章　女性活躍推進の取り組みが社員の意識と満足度に与える影響

表3-2　女性活躍得点グループ別平均値の差の検定結果

質問No.	項目数	有意水準5%未満の項目数	割合（％）
Q1	14	13	92.8
Q2	13	6	46.2
Q3	12	9	75.0
Q4	14	10	71.4
Q5	12	9	75.0
Q6	9	6	66.7
Q7	21	19	90.5
Q8	21	20	95.2
Q9	19	14	73.7
Q10	10	5	50.0

＊各質問の選択項目「その他」「無回答」等は除いた数値。

する社員の意識に何らかの影響を与えているかを確認するため、平均値の差の検定を行った。表3-2の通り、女性活躍得点グループを独立変数に、「社員アンケート」のすべての質問Q1～Q10（第1章参照）の各項目を従属変数として一元配置分散分析を行うと5％水準で有意な差がある項目が多く、グループの違いが個人回答に影響を与えていることが分かる結果となった。このことから企業の女性活躍に関する取り組みの違いは、グループに振り分けられた社員の回答傾向に影響を与えていることが明らかになった。

　では、この傾向の違いはどのようなものなのか。その内容を明らかにするため、個別の質問について確認を行う。まず、21の選択項目のうちほとんどの項目において有意差がみられたQ7とQ8の質問に注目する。なお、Q7とQ8は、対比した質問であり女性が活躍するための企業の取り組みについて、Q7は「自社ですでに取り組んでいること」、Q8は「自社でさらに必要だと思う取り組み」に対する問いである。それぞれの選択項目は同じであり、その他や無回答を除いた21項目は、表3-3の通りである。

　「Q7自社で既に取り組んでいる」項目について、女性活躍得点グループ5とグループ1を比較した結果、平均値で有意差がある項目は、表3-4の通りとなった。グループ5が多く選択し有意差があった項目は、「女性管理職やチームリーダーへの女性の登用」、「女性の再就職者の増加」、「女性のキャリアアップのための人事異動の推進」など、女性活躍得点の高いグループ5では、女性が社内で活躍できる環境作りに関する取り組みを選択する社員の割合がグループ1と比較して多い。企業の女性活躍に関わる取り組みが形だけ

表 3-3　Q7 と Q8 の質問内容と選択項目一覧

Q7.	あなたの会社において、女性が活躍するために取り組んでいる事柄は何ですか
Q8.	あなたの会社において、女性が活躍するためにあなたが必要であると思う事柄は何ですか
Q7、Q8 共通の選択肢（21 項目）	
1	女性管理職やチームリーダーへの女性の登用
2	女性正社員の増加
3	女性総合職の増加
4	女性の再就職者の増加
5	一般職から総合職への登用
6	非正規社員から正社員への登用
7	女性の勤続年数の伸長
8	育児休暇制度等の利用者の復職率の増加
9	女性のキャリアアップのための人事異動の推進
10	女性の賃金上昇
11	女性のキャリア形成に対する管理職の理解促進
12	女性のキャリア形成に対する男性社員の理解促進
13	男性社員の家事・育児参加の促進
14	女性の意識改革
15	公平公正な人事評価
16	全社員のワークライフバランスの促進
17	長時間労働の是正
18	多様な働き方の導入
19	教育研修機会の提供
20	メンター制度
21	他企業や外部研修期間への社員派遣

ではなく、そこで働く社員にとっても実体のあるものとして、認識されていることが確認できる結果となった。一方、得点の低いグループ 1 は、「長時間労働の是正」や「全社員のワークライフバランスの促進」など、女性だけではなく男女を含めた社内全体の労働環境改善に関する取り組みを選択する割合がグループ 5 と比較して多い結果となった。

　同様に、「Q8 自社でさらに必要だと思う取り組み」について、平均値で有意な差があった項目は表 3-5 の通りである。この 3 項目はいずれもグループ 1 の社員が多く選択している。「女性正社員の増加」や「長時間労働の是正」は、Q7 でもグループ 1 で有意となった項目であり、既に自社で進めている認識はあるが、継続的な取り組みの必要性を感じていることが窺える。また、

第3章 女性活躍推進の取り組みが社員の意識と満足度に与える影響

表3-4 Q7（自社の取り組み）の平均値の差の比較

<グループ5とグループ1で有意差があった項目>

回答項目	5-1の差
全社員のワーク・ライフ・バランスの促進	-.118*
女性正社員の増加	-.167*
長時間労働の是正	-.170*
他企業や外部研修機関への社員派遣	.080*
非正規社員から正社員への登用	.129*
女性のキャリアアップのための人事異動の推進	.098*
管理職やチームリーダーへの女性の登用	.279*
女性の再就職者の増加	.065*

＊ 平均値の差は 0.05 水準で有意。

表3-5 Q8（さらに必要な取り組み）の平均値の差の比較

<グループ5とグループ1で有意差があった項目>

回答項目	5-1の差
女性正社員の増加	-.118*
長時間労働の是正	-.096*
非正規社員から正社員への登用	-.128*

＊ 平均値の差は 0.05 水準で有意。

Q7でグループ5に有意な差がみられた「非正規社員から正社員への登用」が、Q8ではグループ1で必要な取り組みとして多く選択されている。このように、女性活躍得点のグループにより社員が選択する項目に違いがみられた。社員は自社の取り組みについてきちんと認識したうえで、その先に必要な課題や取り組みについても問題意識を持っているということが窺える結果となった。

(3) 女性活躍推進への取り組みと仕事や生活の満足度

次に、女性活躍得点グループと社員の仕事やキャリア観との関連に注目し、「社員アンケート」の「Q9 仕事・キャリア観」の質問の中で仕事と生活に関する選択肢「Q9-1 プライベートな生活よりも仕事を優先している」、「Q9-2 仕事よりもプライベートな仕事を優先している」、「Q9-3 プライベートな生活と仕事のバランスをとっている」の3つを選んだ割合についてグループ5と1を対象に比較をした。その結果、グループ5で最も割合が高い項目はワークライフバランス型、グループ1はプライベート優先型となった。しかし、グループ1は仕事優先型（24.5%）とプライベート優先型（24.8%）の値が近

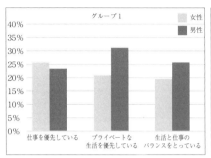 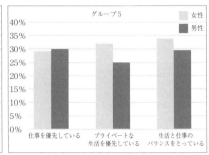

図 3-1 Q9 仕事とプライベートのバランス
（女性活躍得点グループ1とグループ5の男女別比較）

いため、さらに男女別で比較を行った結果、図3-1の通りグループ1の女性は仕事優先型、男性はプライベート優先型と割合の高い項目が男女で異なることが明らかとなった。先に比較をした女性が活躍するために、「Q7自社で既に取り組んでいること」と「Q8自社でさらに取り組む必要があること」、どちらの選択項目においてもグループ1の社員の多くは、「長時間労働の是正」を挙げていた。この結果から考えると、グループ1の女性が男性と同様にプライベート優先型やワークライフバランス型を選択するには、社内環境の整備や改善がまだ必要な段階にあるとも考えられ、女性が仕事と生活のバランスを自分の意思で調整できる段階には至っていないと推測できる。一方、グループ5の社員は、男女ともにワークライフバランス型を選択した割合が高い。これは仕事と生活のバランスを意識した働き方が、性別に関係なく自らの意思で選択可能な労働環境であるとも考えられる。女性活躍得点グループの高低で比較をすると、企業の女性活躍に対する取り組みレベルが社員の仕事と生活のバランスの取り方にも影響している可能性が示唆される結果となった。

次に、女性活躍得点グループと社員の仕事や生活の満足度に注目し、社員アンケートで回答を得ている「Q10満足度」の10項目（1.仕事の内容 2.処遇（給与を除く）3.給与 4.上司との人間関係 5.同僚・後輩との人間関係 6.上司の評価 7.職場環境 8.生活全般 9.余暇活動 10.友人関係）を使用して分析を

第 3 章　女性活躍推進の取り組みが社員の意識と満足度に与える影響

表 3-6　Q10（満足度の項目別）平均値の差の比較

Q10 満足度の質問項目	平均値の差 (グループ 5- グループ 1)			
	男性・管理職	男性・非管理職	女性・管理職	女性・非管理職
Q10-1. 満足度：仕事の内容	0.202	0.046	-0.063	-0.032
Q10-2. 満足度：処遇 (給与を除く)	0.123	0.028	0.016	-0.137
Q10-3. 満足度：給与	0.015	-0.160	0.175	-0.005
Q10-4. 満足度：上司との人間関係	0.355*	0.008	0.005	0.030
Q10-5. 満足度：同僚・後輩との人間関係	0.044	-0.001	-0.048	0.002
Q10-6. 満足度：上司の評価	0.250	0.054	-0.032	0.103
Q10-7. 満足度：職場環境	0.035	-0.064	-0.190	-0.012
Q10-8. 満足度：生活全般	0.274	0.119	0.302	0.199
Q10-9. 満足度：余暇活動	0.452*	0.205	0.619	0.120
Q10-10. 満足度：友人関係	0.319*	0.202	-0.206	0.065

＊ 平均値の差は 0.05 水準で有意。

試みた。先ず、女性活躍得点が高いグループは、低いグループと比較して全体の満足度が高いのかという点を確認するため、女性活躍得点グループ 5 とグループ 1 の平均値の差の比較を、男女別、管理職区分別で行った。表 3-6 の通り 5％水準で有意差があったのは、男性管理職のみ、3 項目（4. 上司との人間関係、9. 余暇活動、10. 友人関係）であった。女性活躍得点グループ 5 と 1 の比較で女性は、管理職か否かに関わらず、満足度の平均値に有意な差はなかった。女性にとって、勤続年数の長さ、正社員女性比率や管理職女性比率は、仕事や生活の満足度と関連がない結果となった。先に紹介した日本生産性本部（2017）の調査結果の中で、女性社員の活躍推進の取り組みに対し「効果があったか、出つつあるもの」として「女性社員の仕事意識が高まる」と回答した企業が 50.1％であったにも関わらず、「女性社員の活躍を推進する上での課題」として 80.9％の企業が「女性社員の意識」を挙げている（日本生産性本部 2017）ことに鑑みると、制度導入によって期待された成果と女性社員の意識、特に満足度を高める効果との関連性については、さらに調査検討が必要な結果となった。また、企業が女性社員に対して活躍の場を提供し、働きやすい環境を整えているか否かに関わらず、女性の仕事や生活に対する満足度を決める要因は、もっと他にあることが推測される。

　一方で、女性活躍得点グループの高低による比較で満足度の平均値は、「男性管理職」に有意な差があり、「4. 上司との人間関係」、「9. 余暇活動」、「10. 友人関係」はいずれも、女性活躍得点の高いグループ 5 がグループ 1 と比較

して高い傾向にあった。女性活躍の環境が整っている企業では、Q7やQ8の回答傾向からも分かるように社内の労働環境、例えば、長時間労働の是正や全社員のワークライフバランスの促進など、男女を問わず働きやすい環境が整っており、仕事以外の事柄に目を向ける機会はある。男性管理職という立場からみると、女性活躍が推進されている企業でマネジメントを行うためには、自らが率先してその重要性を実感し行動を含めた改革を進めることが求められているとも考えられる。女性活躍推進に関わる社内の労働環境の変化が、仕事だけではなく生活面に目を向けることに繋がり、男性管理職自身の意識だけでなく行動の変化に結びつき、満足度につながっている可能性もある。「4.上司との人間関係」は、改革推進に意思疎通が必要不可欠な要素であることは間違いないが、本章で用いたデータから因果関係に言及することには限界がある。以上の結果から女性活躍推進に関わる社内の取り組みと社員の満足度との関係は、今後も検討が必要な課題であることが明らかになった。

3. 調査における女性社員の満足度

(1) 男性社員と比較した女性社員の満足度

本調査の仕事や生活への満足度を聞いた、Q10の設問に対する回答は各設問で「満足している」「やや満足している」が7割を超えているため、「あまり満足していない」「満足していない」の不満足度で男女差をみると図3-2のようになり、女性社員の不満足度の方が高い。図3-2の1～10はQ10の各設問である。

そこで、Q10の全ての設問の回答を点数化（あてはまる4点・ややあてはまる3点・あまりあてはまらない2点・あてはまらない1点）して合計し、総合満足度合計得点（Range10～40）を作成し、男女の得点の平均値をみると、表3-7のようになり、男性の方が平均値の差の検定で有意に高い。

次に仕事や処遇に対する満足度の男女差を、Q10-1からQ10-3までの回

第 3 章　女性活躍推進の取り組みが社員の意識と満足度に与える影響

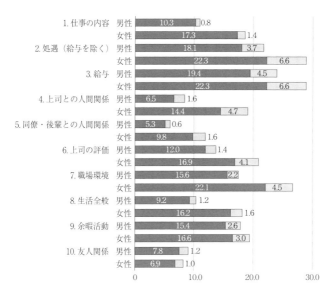

図 3-2　Q10 男女別不満足度

表 3-7　男女別総合満足度合計得点

性別	平均値	度数	標準偏差
女性	31.19	606	5.025
男性	32.29	636	4.619
合計	31.75	1242	4.851

p<0.001　d.f.=1　F 値 =16.045

表 3-8　仕事・処遇満足度合計得点

性別	平均値	度数	標準偏差
女性	9.04	618	1.894
男性	9.45	643	1.843
合計	9.25	1261	1.879

p<0.001 d.f.=1 F 値 =15.572

答を合計した点数で比較すると表 3-8（Range3 〜 12）のようになり、男性の満足度の方が高い。

さらに職場の人間関係満足度の差を検討するために、Q10-4 から Q10-6 までの回答を合計し、差をみると表 3-9（Range3 〜 12）という結果になり、男性の満足度が有意に高い。プライベート満足度に男女の差はほとんどない

表 3-9　職場人間関係満足度合計得点

性別	平均値	度数	標準偏差
女性	6.38	619	1.324
男性	6.75	641	1.126
合計	6.56	1260	1.241

p<0.001　d.f.=1　F 値 =28.512

表 3-10　プライベート満足度合計得点

性別	平均値	度数	標準偏差
女性	9.71	624	1.891
男性	9.70	643	1.785
合計	9.70	1267	1.837

n.s.

（表 3-10）。

　先行研究のサラリーマン[3]の仕事満足度（長野 2017）は、「仕事の内容」については、男性 44.8％、女性 54.8％（長野の 34 歳〜 54 歳のデータから筆者が計算）が「満足」「やや満足」[4]で、女性の満足度の方が高い。「賃金」については、男性 24.7％、女性 26.3％で、有意差の有無は不明だが、傾向として、やはり女性の満足度の方が高い。「仕事や職場について」の満足度も男性 34.6％、女性 37.4％で女性が高い。

　久米他（2017）は、正社員の男女別満足度は雇用区分による差はなく、女性の方が高く、男性は「女性に比して仕事満足度が低いが、教育年数が長く、金融資産、給与が多いほど仕事満足度が高い」（この場合の仕事満足度は「仕事全体・職場の人間関係・賃金等」である）としている。脇田（2014）は「女性の生活満足度の方が高いが、正規雇用の男性も高く、従業上の地位の効果は男性にのみ認められ、男女とも、暮らし向きと階層帰属意識などの経済状況が影響を与える」としている。

　筆者らの調査では、男性社員の仕事満足度が高く、先行研究とは異なる結果となっている。次節では、本調査の女性の回答に注目し、分析を進める。

(2)　女性社員の満足度

　本調査の女性社員の回答数は 629 である。本項以降は、女性のみにケースを限定して分析を進める。そのうち、総合職は 45.5％、エリア総合職 7.6％、

第3章　女性活躍推進の取り組みが社員の意識と満足度に与える影響

表3-11　Q10満足度と属性の相関

項目	年齢	年齢2乗項	総合職	管理職	子ども有
1. 仕事の内容	-0.257	0.175	0.032	0.147**	0.075
2. 処遇(給与を除く)	-0.257	0.134	0.013	0.186***	0.019
3. 給与	0.076	0.012	0.106*	0.145**	-1.637
4. 上司との人間関係	-0.436	0.350	0.002	0.114*	0.086*
5. 同僚・後輩との人間関係	-0.422*	0.270	0.039	0.110	0.034
6. 上司の評価	-0.347	0.221	0.015	0.147**	0.010
7. 職場環境	-0.652*	0.530**	0.018	0.121*	0.102*
8. 生活全般	-0.174	0.152	0.034	0.022	0.022
9. 余暇活動	-0.3459	0.258	-0.013	-0.029	-0.014
10. 友人関係	-0.164	0.097	0.027	0.066	-0.013

※　*、**、***は有意水準が10％、5％。1％を示す。

表3-12　管理職と非管理職の満足度

	総合満足度	仕事満足度	仕事・処遇満足度	職場人間関係満足度	プライベート満足度
管理職	32.21	22.51	9.69	6.53	9.70
非管理職	30.86	21.13	8.83	6.31	9.72
Prob.	0.001	0.001	0.001	0.097	0.92

※ Prob.は分散分析の結果である。
※総合満足度はQ10のすべての設問の回答（4件法）の合計。
※仕事満足度はQ10-1から7の回答（4件法）の合計。
※仕事・処遇満足度はQ10-1から3の回答（4件法）の合計。
※職場・人間関係満足度はQ10-5・6の回答（4件法）の合計。
※プライベート満足度はQ10-9-8～10の回答（4件法）の合計。

一般職23.5％、区分なし20.3％、その他2.7％であった。管理職は21.8％、子どもありが28.2％、年代別では、20歳代24.7％・30歳代30.5％・40歳代29.2％・50歳代14.2％・60歳代1.4％である。本稿においてサンプル数が少ないため、60歳代は分析から除外する。

Q10の設問ごとに回答者の属性との関係を重回帰分析で検討すると、表3-11のようになる。管理職[5]女性は、仕事関係の7問の設問のうち6問で満足度が上がる。総合職[6]は給与に満足している。しかし、8.生活全般・9.余暇活動・10.友人関係に、年齢・総合職・管理職・子どもの有無は関係していない。子どものいる女性は、上司との人間関係・職場環境に満足しており、ダイバーシティ経営を推進している企業勤務ならではの結果であると考えられる。

管理職か非管理職かに注目して、Q10の満足度についての設問を「総合満足度」「仕事・処遇満足度」「職場人間関係満足度」「プライベート満足度」

に再計算して、回答の平均点の差を見ると表3-12のようになり、管理職女性の総合満足度が高いが、詳細にみると「総合満足度」「仕事満足度」「仕事・処遇満足度」「職場人間満足度」は管理職女性の方が高いが、「プライベート満足度」は差がない。

4. 女性社員の仕事や生活満足度を規定する要因

前節で述べた本調査の対象の女性社員の属性以外で満足度を既定する要因を探すために、Q9-5～19の仕事やキャリア観について聞いた設問の回答で主成分分析を行った（表3-13）。この結果抽出された成分から、以下の変数を作成した[7]。

成分1「男女平等度合計得点」：Q9-12+13+14の回答を点数化し合計。
成分2「職場承認度合計得点」：Q9-10+11の回答を点数化し合計。
成分3「職場働き方理解度合計得点」：Q9-15+16の回答を点数化し合計。
成分4「キャリア前向き度合計得点」：Q9-5+6+7の回答を点数化し合計。
成分5「キャリア機会度合計得点」：Q9-8+9+17の回答を点数化し合計。
成分6「バリキャリ度合計得点」：Q9-18+19の回答を点数化し合計。

成分4～6は信頼性が高いとは言えないが、全体の傾向を見るために、満足度とこれらの成分から作成した変数の相関を確認した後、満足度を従属変数とし、仕事・キャリア観についての変数を独立変数として重回帰分析を行った（表3-14）。

女性の仕事関連の満足度に関係する項目は、成分1～3で、「職場で男女同等に扱われているか」「上司や部下に承認されているか」「柔軟な働き方が理解されているかどうか」が重要であることがわかる。しかし、成分4の「責任を伴う仕事がしたい」「昇進・昇格したい」「違う仕事にチャレンジしたい」という前向き度は、満足度と負の相関がある。やる気があるのにやりがいのある仕事を任されておらず、満足度を下げてしまうのではないかと推察され

第 3 章　女性活躍推進の取り組みが社員の意識と満足度に与える影響

表 3-13　Q9-5 〜 19　仕事やキャリア観についての回答の成分分析

Q9-5 〜 19 の設問	成分1	成分2	成分3	成分4	成分5	成分6
同期の昇格スピードが男女で同程度である	0.831	0.024	0.058	0.084	0.049	-0.069
同期で男女の区別なく同じような成長機会が与えられている	0.795	0.128	0.093	-0.057	0.044	0.092
同期で男女の区別なく同程度の仕事を任されている	0.718	0.228	0.179	0.044	-0.001	0.040
仕事・職場への貢献を上司に認められている	0.197	0.800	0.207	-0.008	0.041	0.034
仕事・職場への貢献を同僚・部下に認められている	0.134	0.797	0.124	0.164	0.040	-0.046
上司は柔軟な働き方に理解がある	0.113	0.146	0.879	-0.005	0.065	0.023
同僚・部下は柔軟な働き方に理解がある	0.181	0.147	0.841	0.078	0.051	-0.013
責任を伴う仕事がしたい	0.116	0.189	-0.001	0.668	0.206	0.118
機会が与えられれば、昇進・昇格したい	0.088	0.105	0.121	0.662	0.190	0.225
現在とは違う仕事にチャレンジしたい	-0.109	-0.148	-0.011	0.584	-0.128	-0.114
キャリア形成のための外部研修等に参加している	-0.043	-0.009	0.176	0.036	0.753	0.073
昇進・昇格のための具体的なプランを思い描いている	0.101	0.069	-0.098	0.350	0.644	-0.092
昇進・昇格のための具体的な機会を与えられている	0.117	0.442	0.016	-0.187	0.453	0.139
転勤に抵抗感はない	0.167	-0.229	0.012	0.010	0.139	0.755
定年まで働き続けたい	-0.133	0.304	-0.005	0.149	-0.089	0.727
α係数	0.729	0.737	0.758	0.420	0.350	0.300

主成分分析（バリマックス回転）。

表 3-14　仕事・キャリア観と満足度の関係

仕事・キャリア観合成変数	総合満足度	仕事満足度	仕事・処遇満足度	職場・人間関係満足度	プライベート満足度
男女平等度合計得点	0.199***	0.218***	0.211***	0.156***	0.064
職場承認度合計得点	0.171***	0.155***	0.144**	0.113**	0.117**
職場働き方理解度合計得点	0.147***	0.202***	0.126**	0.252***	-0.049
キャリア前向き度合計得点	-0.188***	-0.225***	-0.252***	-0.144***	-0.021
キャリア機会度合計得点	0.038	0.039	0.088*	-0.008	0.019
バリキャリ度合計得点	0.108**	0.114**	0.114**	0.101**	0.044

R2乗 =0.177　R2乗 =0.221　R2乗 =0.194　R2乗 =0.169　R2乗 =0.023
F値 =21.297　F値 =28.278　F値 =24.355　F値 =20.701　F値 =2.453
※　*、**、*** は有意水準が10％、5％。1％を示す。

る。プライベート満足度は、成分2の「上司や同僚に承認されているかどうか」が関係している。これは、一般的に言われていることだが、「自己肯定感を持てるかどうか」が満足度幸福度に寄与するということと一致する。

　プライベート満足度に関係するその他の要因を探したところ、Q5の設問で「ダイバーシティ経営の推進」が企業・顧客・社員にプラスになることが

多いと考えていることが関係することもわかった（β=0.90、有意水準5%）。

5. まとめ

本稿では、第一に女性活躍度得点という視点で調査対象企業をグループに分類し、女性活躍についての取り組みが進んでいる企業の社員の回答傾向を検証した。その結果、取り組みが進んでいる企業では、それらの取り組みが制度として存在するだけではなく、社員にとって実体のあるものとして認識されていることが確認できた。

第二に、女性の活躍推進に関する会社の取り組みレベルが、仕事と生活のバランスを取れるかどうかに影響を与えていること、特に女性にとって自らの意思で選択可能であるか否かに影響があることが明らかになった。

第三に、会社の取り組みレベルは、「男性管理職」の仕事や生活の満足度に影響を与えることがわかった。仕事・プライベート満足度とも男女に差があり、特に女性の活躍推進に関する会社の取り組みレベルが高いほど「男性管理職」の満足度が高い傾向があった。一方で、女性の満足度には影響を与えていないという結果が出た。

第四に、女性社員に焦点を当てて分析を行ったところ、総合満足度・仕事満足度は管理職の方が高いという結果が出た。しかし、本調査における女性社員の管理職比率は21.9%であり、男性社員の管理職比率53.1%より少ない。

属性以外で、女性社員の仕事に関する満足度に関係するのは、「男女平等に扱われること・職場での承認度・柔軟な働き方の理解度」であることが確認された。

一方、女性社員のプライベート満足度に影響をおよぼす要因は、「職場での承認度」であった。しかし、「ダイバーシティ経営の推進が企業・顧客・社員にプラスになる」と女性社員が考えられることも、プライベート満足度に影響を与えており、会社の取り組みそのものも関係があることを示唆している。

「女性の昇進希望は男性より弱い（安田2012）」が、女性の昇進意欲を高め

るには「職場の状況として女性活躍や両立支援の取り組みが実感できること（武石 2014）」や「女性自ら選択できる余地を拡大すること（永瀬他 2012）」の重要性が指摘されている。本調査の結果においても、「機会が与えられれば、昇進・昇格したい」とするのは男性59.2％、女性は37.4％、「責任を伴う仕事がしたい」は男性44.9％、女性20.8％で、男女社員の意識に、有意水準0.1％で有意な差が見られた。

　女性社員の仕事・生活満足度が上がれば、勤続年数が伸長し、管理職の増加につながる。女性社員の満足度を高めるには、①ダイバーシティ経営の推進施策の実施、②それらの実効性と実体が社員に実感できること、③職場で承認されていると感じられることが重要である。本調査でわかった、管理職女性社員の仕事満足度が高いという事実が、働く女性のコンセンサスになれば嬉しいことである。

　女性社員が働きやすい企業は、男性社員も働きやすい。女性の活躍推進とその延長線上にある日本の社会の活性化には、企業のダイバーシティ推進制度の充実のみならず、企業の取り組みを社員が感得できることや、キャリア・仕事観についての男女社員の意識の差を埋めていくような、全社挙げての企業文化・風土の醸成も肝要であることを喚起したい。

注

1) 総務省統計局労働力調査 基本集計 平成29年平均（平成30年1月30日付）
http://www.stat.go.jp/data/roudou/rireki/nen/ft/pdf/2017.pdf
2) 厚生労働省 女性の活躍推進企業データベース
http://positive-ryouritsu.mhlw.go.jp/positivedb/
3) 長野（2017）はサラリーマンを第2号被保険者と定義している。
4) 回答の選択肢は「とても満足している」「やや満足している」「どちらともいえない」「やや不満である」「とても不安である」となっている。
5) 管理職を1、それ以外を0とするダミー変数を作成した。
6) 総合職を1、それ以外を0とするダミー変数を作成した。
7) Q9-1～4の設問は分析の意図と異なるため、主成分分析の対象から外し、各成分の信頼性分析の結果である α 係数を示している。

引用文献（著者アルファベット順）

経済産業省編（2012）（財）経済産業調査会『ダイバーシティと女性活躍の推進 グローバル化時代の人材戦略』.

公益財団法人日本生産性本部 ダイバーシティ推進センター（2017），（公）日本生産性本部 生産労働情報センター『女性人材の活躍 2017 女性コア人材の育成の現状と課題 〜第8回コア人材としての女性社員育成に関する調査結果〜』.

久米功一・鶴光太郎・戸田淳仁（2017）「多様な正社員のスキルと生活満足度に関する実証分析」,生活経済学会『生活経済学研究』Vol.45, 25-37.

松浦民恵（2017）「企業における女性活躍推進の変遷」佐藤博樹・武石恵美子編，東京大学出版会『ダイバーシティ経営と人材活用 多様な働き方を支援する企業の取り組み』4, 83-103.

長野誠治（2017）「第6回サラリーマンの生活と生きがいに関する調査：調査結果の概要及び男女別・年齢階層別比較」公益財団法人年金シニアプラン総合研究機構『年金研究』No.07, 128-153.

永瀬伸子・山谷真名（2012）「民間大企業の女性管理職のキャリア形成――雇用慣行と家庭内分担」,日本キャリアデザイン学会『キャリアデザイン研究』8号, 95-105.

坂爪洋美（2018）「部下の性別による管理職行動の違いと働き方にかかわる人材マネジメントの影響」一橋大学イノベーション研究センター編，東京経済新報社『一橋ビジネスレビュー「新しい働き方」の科学』56-75.

佐藤博樹（2017）「ダイバーシティ経営と人材活用 働き方と人事管理システムの改革」佐藤博樹、武石恵美子編，東京大学出版会『ダイバーシティ経営と人材活用 多様な働き方を支援する企業の取り組み』1, 1-19.

武石恵美子（2014）「女性の昇進意欲を高める職場の要因」,労働政策研究・研修機構『日本労働研究雑誌』648, 33-47.

安田宏樹（2012）「管理職への昇進希望に関する男女間差異」,東京大学社会科学研究所『社会科学研究』第64巻第1号, 134-154.

脇田彩（2014）「生活満足度と婚姻状況・就業状況との関連における男女差」,東京大学『東京大学社会科学研究所 パネル調査プロジェクト デスカッションペーパーシリーズ』No.78.

第4章　福祉現場におけるダイバーシティ・マネジメントとリーダーシップ
　　　　──先進事例からの考察──

北本佳子

1. はじめに

　今日、日本の福祉政策において、地域包括ケアシステムの構築とともに、それを深化した地域共生社会の実現が求められている。それらの実現にあたっては、福祉の実践現場や地域社会において多様性（ダイバーシティ）が認められるとともに、様々な人々の活躍を可能にするリーダーシップをとれる人材の存在が重要であろう。

　一方、日本では働く場面で活躍したいという希望を持つすべての女性が、その個性と能力を十分に発揮できる社会を実現するために、2015年に女性活躍推進法が制定され、働く場面での女性の活躍がさらに期待されてきている。こうした状況の中で、改めて福祉の現場を見てみると、もともと多くの女性が働いていることに加えて、現場では利用者の生活問題の解決や支援を行っていることから、生活に密着する機会が多い女性がリーダーシップを発揮し活躍しやすい場面や業務があり、実際に多様な職場や立場・地位で活躍している女性が多くいる。

　そこで本研究では、このように活躍する女性がいる福祉現場に焦点をあて、地域包括ケアシステムや地域共生社会の実現にあたって求められるダイバーシティ・マネジメントの現状を明らかにするとともに、そこで求められるダイバーシティ・マネジメントとリーダーシップのあり方や今後の課題を考察することを研究の目的とした。

2. 研究の背景と意義

はじめにも述べたように、地域包括ケアシステムの構築や、地域共生社会の実現においては、複数の領域や制度にまたがる支援が必要なことから、その連携を各地域でどのように創っていくかが課題であるが、それを実現する理念（ビジョン）を明確にし、それに向けて多様な人々を動機づけていく（巻き込んでいく）リーダーシップと多様な人々の力を活かすダイバーシテイ・マネジメントの展開が肝要と言える。

しかしながら、福祉分野における地域包括ケアや地域共生社会に関する先行研究を見てみると、地域包括ケアについては、そのシステムのあり方や構築に関する研究（太田・森本 2011, 高橋 2012, 筒井 2014 など）や地域包括ケアにおける医療連携や多職種連携、チームケアに関する研究（東京大学高齢社会総合研究機構 2014, 二木 2015, 武藤 2015 など）や地域包括ケアとまちづくり及びネットワーク構築に関する研究（馬場園・窪田 2014, 秋山 2016, 辻・田城 2017 など）があるが、ダイバーシティ・マネジメントやリーダーシップの視点からの研究は十分になされていない。同様に、地域共生社会に関する研究も、国内外の実践例の紹介を中心とした研究（東京都社会福祉協議会 2017, 朝倉 2017, 日本福祉大学アジア福祉社会開発研究センター 2017 など）や教育や関連領域での共生社会や多文化共生社会研究（岡田 2014, 石橋・伊藤 2018 など）があるが、やはりダイバーシティ・マネジメントやリーダーシップの視点からの研究はほとんど行われていない。

一方、今日では女性活躍推進法の制定もあり、女性に視点を置いたダイバーシティ・マネジメントやリーダーシップに関する研究（山極 2016, 坂東 2016 など）が進められてきている。しかし、ダイバーシティに関しては伝統的に「ジェンダー、人種・民族・年齢における違いのこと」（谷口 2005：39）を指すというように、ジェンダーのみを対象とはしていない。さらに、近年ではそうした目に見えて識別可能な表層的なレベルだけでなく、深層的なダイバーシティとして外観的に判別不可能な「パーソナリティ、価値、態度、嗜

好、信条などといった心理的な特性も含まれる」(谷口 2005：41) とあるように、ダイバーシティの範囲や次元は広がりつつある。そうした中で、改めて福祉の現場に目を向けると、女性の就業者が多く、その中で女性がリーダーとして活躍しているだけでなく、近年では、高齢者や障害者の雇用が進められているほか、外国人労働者の活用も行われており、ダイバーシティの実践が進んできている。さらに言えば、福祉現場の利用者までを視野に入れると表層的なレベルはもとより、深層レベルでの多様性をもった人々がともに生活をし、様々な支援が行われていることから、福祉の現場には地域共生社会の縮図的な様相がある。

　以上から、ダイバーシティが進んでいる福祉現場を対象に、ダイバーシティ・マネジメントに関する現状とそれを可能としているリーダーシップを含む展開背景を研究することは、福祉現場はもとより、今後の日本の他の業界におけるダイバーシティの推進や女性活躍にかかわるリーダーシップのあり方を検討するうえでも意義あることと考えられる。

　なお、本研究ではダイバーシティ・マネジメントを「多様な人材を受け入れ、活用することを可能とする取り組みや環境整備」として捉えている。これは、ダイバーシティの捉え方が必ずしも確立していないまま進化してきていることから、範囲やレベルを限定せず、ダイバーシティを表層的なレベルだけでなく深層的なレベルも含めて、広く捉えることが望ましいと考えるためである。また、リーダーシップに関しては、多様なリーダーシップの定義の共通点をまとめた Yukl（1998：3）によれば、「リーダーシップとは、集団もしくは組織における諸活動や諸関係を導き、形づくり、促進するように、ある人によって他の人々に対して意図的に影響力が行使される過程からなっている」と触れている。それを踏まえ、本研究ではリーダーシップを「他の人々への意図的な影響力の行使過程」として捉えていくこととした。

3. ダイバーシティ・マネジメントとリーダーシップに関する調査の概要と結果

(1) 調査の目的

　地域包括ケアシステムの構築や地域共生社会の実現が求められている今日、福祉の現場では女性が様々に活躍するとともに、高齢者や障害者、外国人労働者などの多様な人々も活躍しつつある。そうした「多様な人材を受け入れ、活用することを可能とする取り組みや環境整備」をダイバーシティ・マネジメントとして捉え、それを実現していると考えられる社会福祉法人の施設を先進事例として取り上げ、そこでのダイバーシティ・マネジメントの現状とそれを可能としている展開背景（リーダーシップを含む）について探索的に研究することを目的とした。

(2) 調査対象と調査の枠組み

　今回の調査では、社会福祉法人小羊会（以下、法人）の柏こひつじ園（以下、園）の協力を得て調査を実施した[1]。本園は、千葉県を中心に首都圏（千葉・東京・埼玉・茨城・山梨）で、医療・介護・健康サービスを積極的に幅広く提供しているこひつじ会グループの中の1つである本法人が、千葉県柏市に2011年に開設した特別養護老人ホームであり、特別養護老人ホーム柏こひつじ園のほか、短期入所生活介護（ショートステイ）、柏こひつじ園デイサービスセンター、グループホーム豊四季台、ティーサロンこひつじを併設している。そうした中で本園では、開設当初より地域の高齢者を「シニアスタッフ」として雇用し、介護職員が本来の業務に集中できる環境づくりを行うとともに、シニアスタッフにとって「生きがい就労」として生き生きとして働ける環境づくりをしてきた。また、その後の展開の中で、障害者や永住外国人労働者やEPA（経済連携協定）による外国人労働者を雇用し、まさに多様な人材を積極的に受け入れ、活用をしている点からダイバーシティ・マネジメントが実現していると考えられる。

今回の調査では、本園のダイバーシティ・マネジメントの事例研究対象としての適切性を確認するプレ調査（第1調査）を行い、その上でダイバーシティ・マネジメントと女性のリーダーシップに関する調査（第2調査）を実施した。このように個別の施設を対象に事例研究を行った背景には、これまで福祉領域の研究では、施設経営研究という視点での事例研究が十分になされてきておらず、よりよい経営実践を広めていくためには先駆的な施設経営や法人経営の事例研究の積み重ねが必要との認識と意図がある。

(3) 第1調査の方法（倫理的配慮を含む）

第1調査では、本園でのインタビュー調査（フィールドワークを含む）を実施した。調査時期は2017年9月〜10月で、本園の設立にかかわった本法人のU常務理事を対象として実施した。なお、その際に園の開設時からの記録や資料をもとに人材確保とその定着状況等をはじめとする雇用・経営環境に関するデータの提供の協力を得た。調査にあたっては、一般社団法人日本社会福祉学会の研究倫理指針に基づき、口頭・書面での説明を行い、同意を受けた上で調査を実施した。

(4) 第1調査の結果

1) ダイバーシティの現状

本園における調査時点（2017年10月時点）の職員のダイバーシティの現状は、職員数が148名で、その内訳は常勤職員が61名（41.2％）、非常勤職員が41名（27.7％）、シニアスタッフ（60歳〜80歳代：平均年齢72歳）が42名（28.4％）、障害者スタッフ4名（2.7％）で、その常勤職員の中にEPAによる外国人労働者9名と定住外国人労働者1名が含まれ、非常勤職員の中に永住外国人労働者2名が含まれており、常勤・非常勤を合わせた外国人スタッフは12名（8.1％）であった。上記の人数のうちの女性の割合を見ると、常勤職員61名のうち女性は45名（73.8％）、非常勤職員41名のうち女性は33名（80.5％）で、シニアスタッフ42名のうちでは38名（90.5％）が女性、障害者スタッフ4名のうちの女性は2名（50％）、外国人スタッフ12名のうちの

女性は10名（83.3％）であった。さらに、その常勤職員の中で、施設長は男性であるが、グループホーム管理者と居宅サービス管理者は2名とも女性で、ユニットリーダーは9名中6名が女性であった。なお、シニアスタッフは非常勤職員（時給は最低賃金以上）として自分の希望する職種・時間に短時間勤務を行うワークシェアリングによる就労体制をとっている。

　以上から、本園では<u>全職員（148名）のうちの60名（40.5％）がシニアスタッフ、障害者スタッフ、外国人スタッフ</u>で構成され、多様な人材が積極的に受け入れられ、活躍している状況が確認できた。また、<u>女性の割合も全体で約8割（79.7％）</u>を占めていることが分かった。

2）ダイバーシティ・マネジメントの効果と背景

　第1調査を通して明らかとなったダイバーシティ・マネジメントの効果と背景（主要な内容は以下で太字・アンダーラインで表示）について見てみる。

　第1の効果としては、〈自分らしく穏やかに笑顔で暮らせるよう支える〉という<u>法人理念の実現</u>につながっているということである。具体的には、多様な人材の活用により、もともとの狙いであった<u>介護職員等の専門職が本来の業務に集中できる環境づくり</u>ができ、食事や入浴の時間をはじめ、ほとんどの生活支援に関して利用者（90名）の個別の希望に添うことができている。

　第2には、<u>人材確保</u>と定着において効果がみられた。具体的には、当園では上述のように法人理念を実現するために介護職員の人員配置は、法律で規定されている配置基準より50％増の体制を、開設時より実施し維持してきているが、開設以来人材確保に困ったことはなく、離職率についても介護職員の2017年度の平均離職率が16.2％（介護労働安定センター 2018）という中で、本園は10.8％（2017年度）と低く、職員の定着化が進んでいる。こうした背景には、短時間勤務や平日のみ勤務、夜勤専従等の<u>多様な勤務形態を実施</u>し、結婚や子育てをしながらでも<u>働きやすい環境づくり</u>をしていること、職員とシニアスタッフや障害者スタッフ、外国人スタッフのそれぞれが各自の役割や業務について理解をしていること、その仕事内容や姿勢からそれぞれが相互に刺激を受けて、よりよい工夫が生まれるという、<u>多様性に基づく相互刺</u>

激がサービスの質の向上につながっていることがあり、それが人材確保や定着にもつながるという好循環ができている。

さらに、第3には、業務コストの削減と人件費率にもその効果がみられた。具体的には、清掃・洗濯・調理補助・園芸等の周辺業務をシニアスタッフや障害者スタッフが行うことで、介護職員等の専門職が本来業務に専念できるだけでなく、そうした周辺業務の業者委託をする必要がないため、毎月約100万円の業務コストの削減が可能となっている。また、そうした業務コストの削減分を介護職員の増員に充てることができているほか、シニアスタッフには最低賃金の保証、EPA等の外国人スタッフには日本語学校での語学教育と住まいの提供と日本人スタッフ以上の賃金保証ができている。さらに、そうした対応をした上で、介護業界における2017年度の人件費率の平均が66.5％（独立行政法人福祉医療機構2018）である中で、本園の人件費率は55.0％（2017年度）に抑えられており、経営の安定化にもつながっている。

全体として、本園では多様な人々を受け入れ活用するという取り組みと環境づくり（ダイバーシティ・マネジメント）により、法人の理念の実現とともに、人材確保を含む経営の安定化ができていることが明らかとなった。

(5) 第2調査の目的

フィールドワークと経営者側からのインタビュー調査（第1調査）の結果から、本園でのダイバーシティ・マネジメントの効果等が明らかになった。第2調査では本園での職員側から見たダイバーシティ・マネジメントの展開の実際と、それを可能としていると思われるリーダーシップを含む展開背景について明らかにすることを目的とした。

(6) 第2調査の方法（倫理的配慮を含む）

第2調査の目的を達成するために、インタビュー調査とアンケート調査を併用することにした。まず、インタビュー調査は、2018年4月～6月において本法人理事長N理事長（男性）、U常務理事（女性）と現場の職員の中でリーダーシップを発揮しているY介護主任（男性）、シニアスタッフの中

でリーダーシップを発揮しているIスタッフ(女性)の4名を対象に、ダイバーシティ・マジメントの実際とその背景及び現場のリーダーシップについて半構造化インタビューを実施した[2]。調査にあたっては、一般社団法人日本社会福祉学会の研究倫理指針を遵守し、書面・口頭による説明を行い、同意を得た上で、インタビュー内容をICレコーダーで録音した。その後、インタビュー内容については逐語録を作成し、内容分析を行った。なお、インタビュー調査の時間は、N理事長が87分36秒、U常務理事が85分52秒、Y介護主任が47分23秒、Iシニアスタッフが41分19秒であった。

次に、アンケート調査は、インタビュー調査の内容を踏まえてダイバーシティ・マネジメントの実際とその展開背景に関する調査票を作成し[3]、シニアスタッフ、障害者スタッフ、外国人スタッフとそうした多様なスタッフと日常的に業務をともに行っている特別養護老人ホームの職員全員を対象に、郵送留置き式（自記式）で実施した。アンケート調査においても、一般社団法人日本社会福祉学会の研究倫理指針を遵守し、倫理的配慮の内容についてはアンケート調査の依頼文に明記して実施した。その結果、特別養護老人ホームの職員に関しては58名に配布して45名の回収（回収率77.6%）があり、シニアスタッフは38名に配布して37名の回収（回収率97.3%）があり、障害者スタッフは4名に配布して4名の回収（回収率100.0%）があり、外国人スタッフは12に名配布して6名の回収（回収率50.0%）があった。全体では112名に配布して92名の回収（回収率82.1%）であった。

(7) アンケート調査の結果

ここでは、職員、シニアスタッフ、障害者スタッフ、外国人スタッフに実施した調査結果について、紙幅の関係から職員とシニアスタッフを中心に分析・紹介する。障害者スタッフと外国人スタッフの調査結果については、特徴的な結果等を紹介する。また、以下では属性以外は回答数全体に対する割合（%）を中心に記述し、回答数（実数）は注目すべき部分のみ記載した。

第4章　福祉現場におけるダイバーシティ・マネジメントとリーダーシップ

1）属性

　職員の属性のうち、性別・年齢・勤務形態・役職の有無は、表4-1の通りである。なお、本園での勤務年数の平均は、44.98月（約3.7年）であった。また、職員の職種・資格は表4-2の通りで、有資格者数が多い傾向にあった。

　一方、シニアスタッフの属性のうち、性別・年齢・1カ月の平均勤務時間は、表4-3の通りで、全体に短時間の就労となっている。なお、本園での勤務年数は、平均が50.19月（約4.2年）で職員の平均よりも長いことがわかった。

　さらに、本園での主な担当業務は、「調理補助」が18名（48.6％）で約半数を占め、以下「清掃」、「洗濯」、「喫茶」がそれぞれ3名（8.1％）で、その他として「食事補助」や「園芸」の回答があった。参考までに、外国人スタッフは6名中5名が「20歳代」、1名が「40歳代」、障害者スタッフは「60歳代」が2名、「50歳代」が1名、外国人スタッフは、インドネシアからが3名、フィリピン、ベトナム、ブラジルからは各1名であった。なお、シニアスタッフと障害者スタッフは、職員の周辺業務を担当しているが、外国人スタッフは、食事介助、入浴介助、排せつ介助をはじめ、レクリエーションや記録なども含めて、職員と同様の専門業務を担当している。

表4-1　職員の性別・年齢・勤務形態・役職の有無 （人、%）

性別	男性	女性	年齢	20歳代	30歳代	40歳代	50歳代	60歳代
	14 (31.1)	31 (68.9)		9 (20.0)	14 (31.1)	10 (22.2)	4 (8.9)	8 (17.8)

勤務形態	常勤	非常勤	NA	役職	有	無	NA
	32 (71.1)	10 (22.2)	3 (6.7)		7 (15.6)	33 (73.3)	5 (11.1)

表4-2　職員の職種・資格 （人、%）　　※資格については複数回答

職種	介護職	相談員	事務員	看護師	栄養士・調理師	その他
	28 (62.2)	2 (4.4)	3 (6.7)	5 (11.1)	1 (2.2)	6 (13.3)

資格	介護福祉士	社会福祉士	社会福祉主事	看護師	介護支援専門員	その他
	18 (40.0)	5 (11.1)	4 (8.9)	5 (11.1)	4 (8.9)	8 (17.8)

表4-3　シニアスタッフの性別・年齢・1カ月の平均勤務時間 （人、%）

性別	男性	女性	年齢	60歳代	70歳代	80歳代
	3 (8.1)	34 (91.9)		9 (24.3)	22 (59.5)	6 (16.2)

勤務時間	1時間〜10時間未満	10時間〜20時間未満	20時間〜30時間未満	30時間〜40時間未満	40時間以上
	6 (16.2)	14 (37.8)	12 (32.4)	4 (8.9)	1 (2.2)

2) ダイバーシティ・マネジメントとリーダーシップについて
①職員と各スタッフの接触頻度

　職員の各スタッフとの接触頻度の結果は、全体ではシニアスタッフと障害者スタッフとは「毎日」が51.1％で、外国人スタッフに関しては46.7％が「毎日」接しているということであった。その中で、特に常勤職員に限定してみると、シニアスタッフと障害者スタッフとも「毎日」が82.6％で、外国人スタッフも81.0％が「毎日」接しているということで、どのスタッフとも常勤職員を中心に日常的に接している現状にあった。

②目的・意義

　職員に本園のダイバーシティ・マネジメントの目的や意義について質問をした結果（複数回答）、「労働力の確保」が75.4％で最も多く、次が「法人の社会（地域）への貢献」60.0％、さらに「職員が働きやすい職場にするため」と「利用者の方へのサービスの向上のため」が同数で28.9％、「施設（法人）の文化や考え方を多様化するため」が22.2％で続いた。

　また、シニアスタッフに同様の質問をした結果（複数回答）は、やはり「労働力の確保」が59.5％で最も多かったが、「法人の社会（地域）への貢献」が51.9％で近値であった。以下、「利用者のサービスの向上のため」が35.1％、「職員が働きやすい職場にするため」が29.7％、「施設（法人）の文化や考え方を多様化するため」が27.0％と続いた。一方、障害者スタッフと外国人スタッフの回答（複数回答）では、双方とも「利用者のサービスの向上のため」が最も多く、障害者スタッフは75.0％、外国人スタッフは100.0％であった。

③苦労や大変なこと等

　多様なスタッフとともに働くうえでの苦労や大変なこと（大変だった）ことを職員に質問した結果（複数回答）は、シニアスタッフに関しては「業務を理解してもらうこと」が46.7％で最も多く、以下「業務をきちんと遂行してもらうこと」が37.8％、「職員との関係」が26.7％、「健康への配慮」が15.6％、「利用者との関係」と「シニアスタッフ間の人間関係」が13.3％と続いた。また、障害者スタッフに関しては、「業務を理解してもらうこと」

が46.7％で最も多く、以下「業務をきちんと遂行してもらうこと」が35.6％、「職員との人間関係」が33.3％、「障害者スタッフ間の人間関係」20.0％、「利用者の方との人間関係」15.6％と続いた。さらに、外国人スタッフに関しては、「言語・文化の違い」が71.1％で最も多く、以下「業務を理解してもらうこと」が51.1％、「業務をきちんとしてもらうこと」が33.3％、「利用者の方との人間関係」が31.1％、「職員との人間関係」が28.9％、「外国人スタッフ間の人間関係」が6.7％と続いた。全体としては、業務理解の点での苦労等が多いとともに、外国人スタッフについては、言語・文化の違いに苦労があることが分かった。

④ **メリットとよい点等**

多様なスタッフとともに働くことでのメリットやよい点（よかった点）を職員に質問した結果（複数回答）は、シニアスタッフに関しては、「周辺業務を任せられること」が55.6％で最も多く、以下「法人（施設）の社会（地域）貢献になっていること」が46.7％、「シニアスタッフの生きがいになっていること」が33.3％、「法人（施設）の経費削減になっていること」が20.0％、「利用者の方の人間関係が豊かになること」が17.6％と続いた。また、障害者スタッフに関しては、「障害者スタッフの就労支援になっていること」が57.8％で一番多く、以下「周辺業務を任せられること」が55.6％、「法人（施設）の社会（地域）貢献になっていること」が40.0％、「法人（施設）の経費削減になっていること」が15.6％、「利用者の方の人間関係が豊かになること」が8.9％と続いた。さらに、外国人スタッフに関しては、「法人（施設）の社会（国際）貢献になっていること」が44.4％で一番多く、以下「利用者の方の人間関係が豊かになること」が37.8％、「海外からのスタッフの専門性の向上になっていること」が31.1％、「専門的な業務が任せられること」が24.4％、「法人（施設）の経費削減になっていること」が13.3％で続いた。全体に、シニアスタッフや障害者スタッフに関しては、周辺業務を任せられることが高く評価されている一方、外国人スタッフに関しては、法人（施設）の社会（国際）貢献になっていることや利用者の人間関係が豊かになることへの評価が他のスタッフよりも高いという特徴的であった。

⑤推進にあたって大切なこと・努力したこと

　ダイバーシティ・マネジメントを推進するうえで大切なこと（複数回答）を質問した結果は、表4-4の通りであった。職員は「多様なスタッフにあった研修・育成制度」が73.3％で最も多くなっているが、シニアスタッフは「多様なスタッフがいることの意義の理解」が59.5％で最も多くなっており、以下は双方とも「多様なスタッフとともに学び合う環境づくり」が続いている。

　なお、表4-4にはないが外国人スタッフの回答も「多様なスタッフがいることの意義の理解」と「多様なスタッフとともに学び合う環境づくり」がともに83.3％で多く、業務を指導する側と受ける側での立場の違いが結果に表れていると言えた。なお、障害者スタッフの回答は全員が「わからない」であった。

　次に、推進にあたって職員が努力したこと（複数回答）を質問した結果は表4-5の通りで、シニアスタッフに対しては、「業務に遂行してもらったことへの御礼や感謝を伝えた」（55.6％）、と「業務についての質問に適宜回答した」（51.1％）、「挨拶をはじめ関係づくりを重視し対応した」（48.9％）、「業務をわかるように説明・指導した」（46.7％）の4項目がほぼ5割前後で、業務支援と関係性を意識した対応の両方をバランスとって対応していることがわかった。また、この傾向は外国人スタッフでも同様であったが、障害者スタッフに関しては、「御礼や感謝を伝えた」割合が高い傾向にある一方、「業務説明」や「不満や不安を聞いたり対応した」割合が低かった。

⑥推進にあたって経営者等からのリーダーシップで重要なこと

　ダイバーシティ・マネジメントの推進にあたって、経営者等からのリーダーシップで重要なこと（複数回答）を質問した結果は、表4-6の通りであった。職員は、「経営者が多様な人材に対応した研修・育成制度を作ること」が60.0％で最も多いが、これは前述の推進にあたって大切なことでも、研修・育成制度についての回答が高かったことと符合している。以下は、「経営者が多様な人材を公平に評価すること」（60.0％）、「経営者が人材の多様性の意義や重要性を理解し実践すること」（55.6％）や「遂行にあたっての職員の不安や不満を共感的に聞き理解すること」（53.3％）が続いている。一方、シニ

第4章　福祉現場におけるダイバーシティ・マネジメントとリーダーシップ

表4-4　推進にあたって大切なこと (複数回答、%)

	多様なスタッフにあった研修・育成制度	多様なスタッフがいることの意義の理解	経営者や管理者のリーダーシップ	スタッフとともに働くことへの職員への支援	多様な人材をもっと増やすこと	多様なスタッフとともに学び合う環境づくり	その他	無回答
職員	73.3	35.6	28.9	33.3	11.1	44.4	0.0	13.3
シニアスタッフ	24.3	59.5	18.8	13.5	24.3	48.6	0.0	15.6

表4-5　推進にあたって職員が努力したこと (スタッフ別、複数回答、%)

	業務をわかるように説明した	業務についての質問に適宜答えた	業務遂行に関する不満や不安を聞いたり対応した	業務を遂行してもらったことへの御礼や感謝を伝えた	仕事の進め方を尊重した	挨拶をはじめ関係づくりを重視対応した	その他	無回答
シニアスタッフ	46.7	51.1	31.1	55.6	20.0	48.9	0.0	13.3
障害者スタッフ	28.9	33.3	13.3	53.3	17.8	48.9	0.0	15.6
外国人スタッフ	55.6	62.2	28.9	44.4	11.1	60.0	6.7	8.9

表4-6　推進にあたって経営者等からのリーダーシップで重要なこと (スタッフ別、複数回答、%)

	経営者が人材の多様性の意義や重要性を理解し実践すること	経営者が多様な人材を公平に評価すること	経営者が多様な人材に対応した研修・育成制度を作ること	遂行にあたっての職員の不安や不満を共感的に聞き理解すること	ダイバーシティ・マネジメントに関する部下の意見を取り入れること	ダイバーシティ・マネジメントの意義や受容性を自信をもって伝えること	その他	わからない	無回答
職員	55.6	60.0	64.4	53.3	33.3	24.4	4.4	0.0	8.9
シニアスタッフ	29.7	51.4	40.5	40.5	21.6	24.3	2.7	13.5	10.8
外国人スタッフ	33.3	33.3	33.3	83.3	50.0	33.3	0.0	0.0	0.0

アスタッフは「公平に評価すること」(51.4%)の方が高い値になっており、多様な人々の受け入れ後の評価部分を重視している。それに対して、外国人スタッフは、「遂行にあっての職員の不安や不満を共感的に聞き理解すること」(83.3%)が最も多く、業務遂行後の評価以前に、遂行にあたっての不安や不満等について、共感的な対応を期待していることが窺えた。なお、障害者スタッフは、一人が「ダイバーシティ・マネジメントに関する部下の意見を取り入れること」を挙げたのみで、他はわからないと言うことであった。

4. 考察

インタビュー調査の内容とアンケート調査結果を総合して、本園におけるダイバーシティ・マネジメントの現状とリーダーシップを含む展開背景について考察する。なお、以下の文中の「」はインタビュー内容で、そのあとの（）内ローマ字はインタビュー対象者のイニシャルを表している。

(1) 法人理念の実現と連動したダイバーシティ・マネジメントの導入・展開

第1調査の結果では、〈自分らしく穏やかに笑顔で暮らせるよう支える〉という法人の理念の実現を本園のダイバーシティ・マネジメントの効果として述べたが、第2調査の結果を踏まえると、法人の理念の実現に向けた取り組みや環境づくりの中で、ダイバーシティ・マネジメントが進められてきたと言えた。換言すると、本園では法人の理念の実現に向けて〈1. 利用者のニーズに応えられるように努めます〉〈2. 地域の信頼が得られるように努めます〉〈3. 職員の資質向上に努めます〉という3つの基本方針を立てているが、そうした基本方針や法人の理念の実現への努力がダイバーシティ・マネジメントの導入・展開とつながっていた。

まず「〈自分らしく穏やかに笑顔で暮らせるよう支える〉という理念の中の〈自分らしく〉というのは基本方針でもある〈利用者のニーズに応える〉ということ」(U) で、それには法律で定められた人員体制では実現できず、法定基準以上の人材確保が必要であった。その一方で、本園の開設にあたり、「地域の自治会長から自分たち高齢者を働かせて、仕事を作ってと言われ…うちみたいな歴史のないところは型に縛られた経営ではやっていけないと思い、地域の元気な高齢者の力を活用しようというところから」(U) シニアスタッフの雇用を始めたということである。また、そうした法人の理念の実現に向けた人材確保という点は、「障害者雇用に関しても、外国人スタッフの雇用についても同じ」(U) ということであった。そうした導入過程があったことが、今回のアンケート調査で、「人材確保」が本園でのダイバーシティ・

マネジメントの目的や意義の回答数の多さにつながっている。

　ただ、本園のダイバーシティ・マネジメントの導入・展開は単なる人手不足対策だけではなかった。上述したように、シニアスタッフに関しては、地域（自治会）からの要望でもあり、それに応えることは基本指針の〈地域の信頼が得られるように努める〉ことにもなり、そうした「〈地域の信頼に応える〉ことが基本理念の〈穏やかに笑顔で〉という地域も含めた安心・信頼の関係づくり」（U）につながる。そのため、今回のアンケート結果でも「法人の社会（地域）への貢献」がダイバーシティ・マネジメントの目的・意義の回答として高くなっていることにつながっている。それと合わせて、ダイバーシティ・マネジメントのメリットとして、「シニアスタッフの生きがいになっていること」や「障害者スタッフの就労支援になっていること」、外国人スタッフの雇用を通して「法人（施設）の社会（国際）貢献になっていること」が高い回答率になっていることも、単なる人材確保策ではないということの理解の現れといえる。実際にシニアスタッフからは「生活に張りが出るし…仕事だけでなくメンバーとの仲間意識があってお茶を飲んだり、お食事をしたりするのも楽しい」（I）という声があったほか、アンケート結果でも外国人スタッフ等がいることが「利用者の方の人間関係が豊かになる」という回答が高く、職員・スタッフだけでなく利用者にとっても「多様な人々がいることの価値（valuing diversity）」が浸透していることが窺えた。

　さらに、法人理念の「〈自分らしく穏やかに笑顔で暮らせる〉という暮らしを実現するためには、職員の資質の向上が不可欠」（U）であることから「職員や多様なスタッフの研修やマニュアルづくり」（U）などのマネジメントを重視し実施してきたことが、今回のアンケートでもダイバーシティ・マネジメントの推進にあたって大切なこととして「多様なスタッフにあった研修・育成制度」への回答率の高さにつながっていると考えられた。

　以上のように、法人理念の実現と連動した形でダイバーシティ・マネジメントが展開されてきたということと、それが職員やスタッフレベルでも同じように理解されてきていることが明らかとなった。近年、日本では「多様性を取り込むことで組織全体の変革を実現し競争力を強化し業績をあげてい

る」(谷口 2005：ⅲ)というように企業の競争力強化という経営戦略の一つとしてダイバーシティ・マネジメントが重視され、推進されてきている部分が多いことを考えると、法人理念の実現と連動したダイバーシティ・マネジメントの導入・展開という点に本園の特徴が見出せるといえよう。

(2) 多様性を活かせる職場としての福祉現場とリーダーシップの展開

　本園では法人理念の実現と連動する形でダイバーシティ・マネジメントが導入・展開されたことを確認したが、その展開の背景には福祉現場が多様性を活かしやすい職場(ダイバーシティ・マネジメントが可能になりやすい職場)であることと、リーダーシップの展開があったと言えた。具体的には、本論のはじめに、福祉現場では利用者の生活問題の解決や支援を行っていることから、生活に密着する機会が多い女性がリーダーシップを発揮し活躍しやすい場面や業務があることに触れたが、それは高齢者や障害者、外国人労働者等にも当てはまる。シニアスタッフの業務(職員の周辺業務)は、「今まで家で長年やってきた仕事の延長だからとっつきやすく長続きしやすい……洗いものだったりゴミの捨て方は、シニアスタッフが若い職員に教えている」(U)し、「洗濯業務はシニアスタッフと障害者スタッフが一緒にやって、力仕事は障害者。外国人労働者はシニアスタッフに日本語を教えてもらったり、日本の風習を教えてもらったりしていて……みんなギブアンドテイク。シニアスタッフはそれで有用感を感じることができているから」(U)というように「多様な就労者の相互使役、それぞれがいることがプラスになっている」(U)環境ができているということである。さらに、外国人労働者に関しては、「職員の一員としてスタートから学んでもらって動いてもらうようにしたので、日々の成長っていうのは目に見えて、戦力になった」(Y)と言われるように多様な人々が自分に誇りを持て、一人ひとりの違いを認め合い成長し協力し合うダイバーシティ・マネジメントが実現している。それはアンケート調査で「多様なスタッフがいることの意義の理解」と「多様なスタッフとともに学び合う環境づくり」が高い回答率になっていることからも理解ができるとともに、職員の業務説明等の努力以外に、「御礼や感謝を伝える」こ

とや「挨拶などの関係づくりを重視」したという回答にもつながっている。

一方、こうしたダイバーシティ・マネジメントの実現が可能となっている背景には、これまで見てきた法人の理念に対する職員とスタッフの理解と共感を可能としたリーダーシップがあった。具体的には、本法人の理念の実現は自分らしくということで、利用者である高齢者の尊厳を守り、個別支援を実現することがそのベースになっていると言えるが、それについては、「開設時の研修の際に理事長がその想いを話し……一番上にいるのは入居者、その次に職員で、理事長が、自分が一番下から支えるから。上からポンと指示命令は出さないと理事長が話された……それで職員は今までと違うと理解し、今も頭にあると言っている」（U）というように、理事長の言葉が大きな影響を与えたことがわかる。また、言葉だけでなく「現場を見て、現場の訴え、困ったことにちゃんと対応できるようなリーダーでないと駄目」（N）と考え、実際に設立時に理事長が施設長として現場で対応し、理事長と常務理事等で職員やスタッフの研修や勤務体制、外国人労働者も公平に評価する（職員と同じ賃金）体制を作ったことが、本園のダイバーシティ・マネジメントの実現背景にあった。それは、ダイバーシティ・マネジメントの推進において経営者等のリーダーシップで重要なこととして「経営者が多様な人材に対応した研修・育成制度を作ること」や「経営者が多様な人材を公平に評価すること」、「経営者が人材の多様性の意義や重要性を理解し実践すること」、「遂行にあたっての職員の不安や不満を共感的に聞き理解すること」がアンケート調査の中で、高い回答率になっていることと符合している。

5. 今後の課題
――ダイバーシティ・マネジメントとリーダーシップ研究の課題――

今後の日本では、地域包括ケアシステムの構築や地域共生社会の実現に向けて、ジェンダー、人種・民族・年齢と言った表層的なダイバーシティだけでなく、深層的な部分を含んだダイバーシティ・マネジメントと、その展開において求められるリーダーシップのあり方がますます問われてくると考えられる。そこで、今回の研究結果を踏まえて、地域包括ケアシステムの構築

や地域共生社会の実現に向けたダイバーシティ・マネジメントやリーダーシップに関する研究課題について提起したい。

　まず、地域包括ケアも地域共生社会の実現も、人々の地域での生活をどう創っていくかということが課題になるが、人々の生活の構築には多様な人々の協力が必要であるとともに、一人ひとりのそれまでの生活スキルや経験、能力を活かすことが肝要である。特に、近年では地域包括ケアや地域共生社会の実現に向けた介護人材の不足の問題が喫緊の課題として論じられることも多いが、本園の取り組みからもわかるように、介護等の専門職が専門性を必要とする業務に集中でき、よりよいケアが実現できるために、周辺業務については多様な人材の強みや経験・能力を活かしていけるような体制づくりを地域で行うことが必要である。そのためには、地域での多様な人々の生活支援において、専門性の必要な業務と他の業務の明確化を行い、その上で両者の連携や協力を可能にしていく体制づくり（地域社会づくり）について、より具体的に研究をしていくことが課題と言える。

　また、そうした体制づくり（地域社会づくり）にあたっては、今回の理事長や常務理事のような多様な人材の活用と環境づくり（ダイバーシティ・マネジメント）に向けたリーダーシップの発揮が求められる。ただ、そのリーダーシップは経営者（トップ）だけが中心になってリーダーシップを発揮するのではなく、地域住民一人ひとりが自らリーダーシップを発揮し、主体的に地域に貢献してくことが求められる。これを住民個人の側のリーダーシップのあり方と関連させて言えば、「仕事だけでなく私生活でも、つまり人生のすべて（トータル）の領域で、うまくリーダーシップを発揮」（フリードマン 2013：294）するというトータル・リーダーシップの考え方が参考になるであろう。

　このトータル・リーダーシップは、「『リーダーシップ』と『ワーク・ライフ・バランス』。これまで、直接は関連しないと考えられてきた両者を融合する概念」（フリードマン 2013：28）で、「人生の一つの領域だけでなく仕事でも、家庭でも、コミュニティ（地域社会）でも、自分自身でも人生の4領域すべてで成功を収めること」（フリードマン 2013：291）を目指している。

特に、これまでの日本社会は男性社会で、どうしても上記の4領域の中では「仕事」でのリーダーシップということのみが取り上げられがちであったが、21世紀においては1つの領域だけでなく、4つの人生のすべての（トータルの）領域でうまくリーダーシップを発揮していくことが、各自の幸せはもとより、地域社会づくりにもつながっていくのではないだろうか。

　特に、その中で女性はこれまでも男性に比べて、仕事以外の領域ではリーダーシップを発揮する機会と経験が多くあったと言えることから、男性以上にその実現の可能性が高いといえよう。その意味でも、本学の女子学生が自分のキャリアを考えるときに、4領域を視野に入れたトータル・リーダーシップを発揮できるような教育や経験のあり方について、研究や実践を深めていければと考える。また、それは地域包括ケアの構築や地域共生社会の実現にも資するのではないだろうか。課題は多いが、その可視化に向けた研究を進めていきたい。

注
1) 本法人より法人名及び施設名を出すことの許可を受けた。
2) インタビューガイドの項目は、①ダイバーシティ・マネジメントの状況とそれを可能としている背景には何があるか、②特に働く側としてリーダーシップとの関連で言えることは何か、③ダイバーシティ・マネジメントの実施・実現において、ご自身がリーダーとして対応していること、配慮・意識していること、である。
3) アンケート調査項目は、①属性、②ダイバーシティ・マネジメントの現状として「各スタッフとの接触頻度」、「ダイバーシティ・マネジメントの導入目的・意義」、「各スタッフとともに働く上での苦労・大変なこと」、「各スタッフとともに働く上でのメリット・良かったこと」、③ダイバーシティ・マネジメントの推進方策として「推進する上で大切なこと」、「推進する上での経営者のリーダーシップで重要なこと」、④自由記述内容として、ダイバーシティ・マネジメントを進めていく上での意見・感想等（リーダシップを含む）である。

引用文献（著者アルファベット順）

秋山弘子（2016）『つながる・ささえる・つくりだす在宅現場の地域包括ケア』医学書院．

朝倉美江（2017）『多文化共生地域福祉への展望――多文化共生コミュニティと日系ブラジル人――』高菅出版．

馬場園明・窪田昌行（2014）『地域包括ケアを実現する――高齢者コミュニティーいつまでも自分らしく生きる新しい老いのかたち――』九州大学出版会．

坂東眞理子（2017）『女性リーダー―― 4.0 新時代のキャリア術――』毎日新聞出版．

独立行政法人福祉医療機構（2018）「平成29年度社会福祉法人の現況報告書」（http://www.wam.go.jp/content/wamnet/pcpub/top/zaihyou/zaihyoupub/aggregate_results.html,2018/08/15 アクセス）

フリードマン.D.S、塩崎彰久訳（2013）『トータル・リーダーシップ ウォートン校流「人生を変える授業」』講談社．

石橋由紀子・伊藤由美（2018）『共生社会の時代の特別支援教育 第1巻新しい特別支援教育』ぎょうせい．

介護労働安定センター（2018）「平成29年度『介護労働実態調査』の結果」
（http://www.kaigo-center.or.jp/report/h29_chousa_01.html,2018/08/05 アクセス）

武藤正樹（2015）『2015年へのカウントダウン――地域医療構想・地域包括ケアはこうなる！』医学通信社．

日本福祉大学アジア福祉社会開発研究センター（2017）『地域共生の開発福祉――制度アプローチを越えて――』ミネルヴァ書房．

二木立（2015）『地域包括ケアと地域医療連携』勁草書房．

岡田敬司（2014）『共生社会への教育学――自律・異文化葛藤・共生――』世織書房．

太田貞二・森本佳樹（2011）『地域包括ケアシステム――その考え方と課題――』光星生館．

谷口真美（2005）『ダイバシティ・マネジメント――多様性をいかす組織――』白桃書房．

東京大学高齢社会総合研究機構（2014）『地域包括ケアのすすめ――在宅医療推進のための多職種連携の試み――』東京大学出版会．

東京都社会福祉協議会（2017）『地域福祉コーディネーターの役割と実践――東

京から『我が事・丸ごと』地域共生社会を切り拓く！コーディネーター座談会から』東京都社会福祉協議会.
辻哲夫・田城孝雄・内田要（2017）『まちづくりとしての地域包括ケアシステム：持続可能な地域共生社会をめざして──』東京大学出版会.
筒井孝子（2014）『地域包括ケアシステム構築のためのマネジメント戦略──integrated care の理論とその応用──』中央法規出版.
山極清子（2016）『女性活躍の推進──資生堂が実践するダイバーシティ経営と働き方改革──』経団連出版.
Yukl,Gary（1998）*Leadership in Organizations.* 4th ed. Upper Saddle River, NJ: Prentice Hall.

第5章　少数派メンバーのリーダーシップが組織にもたらす影響
　　　——女性リーダーは組織を変えるか——

本多ハワード素子

1. はじめに

　本稿は、組織集団の少数派メンバーのリーダーシップに関して、主に社会心理学と産業・組織心理学の研究知見および文献による論考である。最初に、少数派とリーダーシップについて定義した後、少数派のメンバーがリーダーシップをとりにくい理由について、また、少数派のリーダーシップが集団にもたらす影響について考察する。そして、将来の、社会に開かれた組織集団のために重要な概念である公正さについて考察する。

　少数派のリーダーシップに注目するのには、2つの理由がある。第1に、現在、日本では組織社会の少数派である女性の活躍が期待されている。2016年から10年間の時限立法で施行されている「女性の職業生活における活躍を推進するための法律」の主要目標として女性管理職比率の上昇が重視されているが、将来の役職候補者である高学歴の女子大学生は「働き続けるなら転勤のない一般職」を現実的な進路と考えているし、女性総合職の約6割が10年で辞めるのが現状でもある。組織社会の価値観は多数派である男性の従来の働き方のままで、少数派の女性が適応するだけで、役職者を増やすだけでリーダーシップが発揮されて組織社会を変えていくことができるのか。そのためには、実際に少数派がリーダーシップを発揮できる条件を知る必要がある。

　第2に、今後の組織社会は、女性に限らず多様な少数派メンバーが活躍できる柔軟性をもつ必要があるのではないだろうか。多様な価値観を認める寛容さをもてば、組織や社会はもっと魅力的になるだろう。そのためにも、少

数派メンバーや、個々のメンバーの尊厳を守る公平さが、まずは重要かつ有効だと考える。

2. 少数派の定義

社会心理学において少数派は、数の少なさではなく、集団内の力関係において、力のあるメンバーシップをもつ集団、すなわち、多数派よりも、弱いメンバーシップをもつ集団のことを意味する。

たとえば、南アフリカではアパルトヘイト（人種隔離制度・政策）が1991年まで続いた。アパルトヘイトは、少数の白人が多数派として力をもち、多数の黒人を少数派として制度的に行った人種差別である。黒人に選挙権をもたせず、自国の意思決定に参加することも許さなかった。1926年には人種差別法を制定し、1948年には通行証法（16歳以上の有色人種には、つねに身分証明証・移動証明・就労許可証の携帯義務を課した）、1965年にバンツー自治法修正条例（バンツー地方への強制移住）等の法律を制定した（藤井・三沢・宮川 1974）。母国語による教育も規制し、法律に抵抗した黒人を逮捕、拷問、あるいは殺害した。国内の少数派による抵抗活動と、国外に出た情報で国際社会がアパルトヘイトについて知り、経済制裁などの圧力を加えたために、アパルトヘイト撤廃につながった。日本人は有色人種だが、アパルトヘイト時の南アフリカに行った日本人は経済的に裕福だという判断で、名誉白人として扱われた。アパルトヘイト下の南アフリカを訪問した日本人の経験談(山本 1969) や、ドキュメンタリー映像（制作 Mahome, N., Caccia, A., & Tsehiana, A.; 監督 Curling, C. & MacFarlane 1974）から、当時の経済、生活、健康、命の人種間格差について知ることができる。

3. リーダーシップの定義

リーダーシップ研究と理論は数多く蓄積され、リーダーシップの定義も、研究アプローチと同じく数多く存在する。リーダーシップのテキストも膨大

な数がある。近年では Yukl（2013）によるテキストや、日本では淵上（2002）、坂田・淵上（2008）、坂田（2017）による一連の研究レビューが優れて詳しく、かつ体系的にリーダーシップについて説明している。

　淵上（2002）は、これまでのリーダーシップ研究のアプローチを4期にまとめている。第1期；リーダーの特徴を明らかにしようとした特性論アプローチ、第2期；リーダーの具体的行動を分析したリーダー行動論アプローチ、第3期；リーダーの行動の有効性に関連するリーダーとフォロワーを取り巻く環境を対象としたリーダー状況論的アプローチ、第4期；組織変革アプローチと社会的認知アプローチ、である。その後、1990年代からの第5期には、リーダーとフォロワーの相互作用の検討や、フォロワーによる認知が重視されるようになった。近年では、研究者同士の協力で多様な研究アプローチと理論の統合の方向にあり、研究の発展が進められている。リーダーシップと今日的問題との関連についての検討や、研究のグローバル化も特徴的である（淵上 2002）。

　第5期後、この10年間には、ネオ・カリスマ理論、リーダーシップと情報処理、社会的交換／関係的リーダーシップ理論、特性論、リーダーシップとダイバーシティ（女性など少数派のリーダーシップも含む）などの研究が増えている（坂田　2017）。また、戦略的リーダーシップ、チーム・リーダーシップ、文脈的・複雑系パースペクティブ、リーダーの発生と開発、倫理的／道徳的リーダーシップ理論、創造性と変革のためのリーダーシップ、アイデンティティ・ベースのリーダーシップ理論などが新たに登場している（坂田 2017）。

　リーダーシップはその定義の多様さにより、科学的な検討課題としての価値への疑問と批判の対象にもなっているが（Yukl 2013）、多様な定義の中の共通項も明確になってきた。たとえば、リーダーシップには「集団や組織内の他者に対して、ガイドし、構造化し、活動や関係を促すような、意図的な影響プロセスが含まれ」、「必要なことは何か、どのようにするか、についての賛同と理解を得るため、他者に影響を与えるプロセスである。また、個人や個人の集合の努力を促し、共有される目標を達成するプロセスである」

(Yukl 2013)。そして「リーダーシップは社会的影響過程である。効果的なリーダーシップとは、目標達成のためにその影響力をうまく活用することである。言い換えれば、効果的なリーダーは他の人々の協力を得ながら、そうした協力によって生まれる資源を目的達成のために活用することができるということである」(Chemers 1993)。

　本論においても、リーダーシップの相互影響過程の側面を重視する。リーダーシップは、リーダー以外のメンバーも、誰もがとるものと考える。逆にいえば、リーダー以外の影響力も考えなければリーダーシップは成立しないということでもある。

　さらに、リーダーシップは集団内のみならず、集団内外の影響過程であると考えている。集団内と集団外の影響プロセスは質的に異なるかもしれない。集団内では、メンバー同士の実際の相互作用を含む、直接および間接的な認知的・行動レベルの影響プロセスの意味合いが強いが、集団外は、実際の相互作用や直接の行動レベルの影響プロセスよりも、間接的で認知的、さらには象徴的な影響プロセスの面が強調されるであろう。

4. リーダーシップとマネジメント

　実際の組織集団においては、管理職の立場にある者がリーダーシップを期待されている。管理職のマネジメントとリーダーシップは同義ではなく、その相違は、経営学、心理学で説明されている。

　経営学者のMintzberg (1973; 2009) は、管理職を「組織の全体、もしくは組織内の一部分（部署）に責任をもつ人物のこと」とし、管理職の要素のひとつとしてリーダーシップをみている。ここでのリーダーシップは具体的には、個人、チーム、部署や組織に対して、メンバーの背中を押して優れた仕事をさせることを意味しており、経験や学習により身につけて、行動に示すことで周囲から認められていくものである。リーダーの役割とは、組織の階層性の縦の人間関係のマネジメントである。管理職は10の役割をもち、以下の4つに分類される。すなわち、①公式の権限と地位、②対人関係(フィギュ

アヘッド；リーダー；リエゾン）、③情報関係（モニター；周知伝達役；スポークスマン）、④意思決定（企業家；障害処理者；資源配分者；交渉者）である。管理職は、公式の権限と地位により、対人関係を構築する。それが情報のインプットをもたらし、情報・意思決定というアウトプットを生む。リーダーの役割は、②の対人関係に含まれている。組織内の人々を導き、動機づけて、組織がどのような雰囲気で動いていくかを決定づけるとともに、組織外と人的ネットワークを構築して関わることでリーダーシップが発揮される（Mintzberg 1973; 2009）。

　Mintzberg (2009) によれば、リーダーシップは現実離れした理想的なビジョンの提供であり、現実的なマネジメントと異なる。リーダーシップにはフォロワーの存在が重視されるが、フォロワーとはリーダーに従う者であり、リーダーとフォロワーという区別が地位の階層性を生じさせてしまう。実際の組織で必要とされるのはリーダーシップよりも、むしろメンバーが協調して目的達成をするための、主体的な個人によるコミュニティ意識である。実際のマネジメントは、ヒーローやカリスマといった現実離れしたものではなく、自然で、組織と共同体の中で相互に関わりあい、協力し、助け合うことである（Mintzberg 2009）。

　ところで、心理学のリーダーシップ研究では、Mintzberg（1973; 2009）の提示した10の役割と4つの分類について、すべてリーダーシップに含んで検討が行われている（Yukl　2013）。すなわち、経営学とリーダーシップ研究では、リーダーシップの概念定義の広さに相違があるようである。その背景には、「管理職は仕事を正しくこなし、リーダーは正しいことをする」といった極端なステレオタイプ（Yukl 2013）、リーダーシップ研究におけるリーダーシップ概念の広さと曖昧さ、実証研究と現実場面で求められるリーダーシップの乖離、そして、領域をまたぐ研究協力の不足が、リーダーシップの定義の相違や誤解を生んだ原因にあったように推察される。

　一方で、実は、Mintzberg（2009）のいう相互の関与、協力、助け合いとしてのマネジメントは、今日のリーダーシップの定義と共通している。支援的リーダーシップ、共有されるリーダーシップなど、リーダーシップ研究にお

いても、リーダーとフォロワーの協力や相互の影響プロセスが検討されているからである。

　本論では、管理職とは、地位と役割により構造化された組織集団において、選出の過程を経て公式に認められた組織集団内の役割と捉えている。多くの組織は階層構造をもつことから、管理職には集団内の地位と権限も付与され、その影響力の正当性が認識される。管理職の役割がメンバーシップに付与されることで、リーダーシップの、開始、方向づけ、保持、終了や、判断、効果の分配など、リーダーシップのすべての過程において他のメンバーよりも大きな影響力をもつ、と考える。

5. 少数派のリーダーシップ

　組織集団の主要な目的は、効率的かつ高い生産性により組織目標を達成すること、次いで、集団維持である。したがって、もしも、あるメンバーが集団規範を変えようとしても、集団内で抵抗が生じ、そのメンバーは排除されてしまうだろう。

　では、リーダーが逸脱したらどうであろうか。リーダーの逸脱についてHollander ら（Hollander 1958; Hollander & Julian 1970）は、リーダーのもつ正当性と逸脱に代わる特異性信用について検討している。リーダーは、それまで集団に貢献して忠誠心を示すことで集団の信用を得て、リーダーという正当な地位を得ている。他のメンバーと意見を異にして集団規範から逸脱しても、それまで得た信用から特異性信用というカードを使って排除を免れることができる。そして、多数派からの逸脱には、多数派への忠誠心を提示しなおして信用回復に努めること、すなわち、多数派の一員であることを示し続けることも重要なのである。

　小坂井（2013）はHollander（1958）による集団変化の考え方は、上から下へ、リーダーとしての力をもつ多数派による影響と同じで、真の集団変化や革新とは異なるとする。少数派による革新は、本質的な集団規範そのものを変える可能性をもつものとして区別される（小坂井 2013）。

このような積極的な少数派の影響力について、Moscoviciら（Moscovici, Lage, & Naffrechoux 1969）は、青いスライドの色の知覚を用いて実験的に少数派による集団の変化を検証した。実験では、6名集団が複数の青いスライドの色を判断して答えていった。そのうち2名は実験協力者で、スライドの色を一貫して「緑」と答えた。この少数派の影響により、他の4名のメンバーも「緑」と判断するようになった。すなわち、少数派が集団から逸脱しても、少数派として、その一貫した態度により集団全体を変えられるということである。

さらにMoscoviciら（Moscovici & Personnaz 1980）は、少数派と多数派の影響の質の違いを検討している。集団のメンバーは、先の実験のスライド色の判断とともに、残像色（捕色）も判断して答えた。スライド色の判断は意識下にあるが、残像色の判断は無意識下の反応である。6名集団のうち実験協力者が4名の多数派条件と、2名の少数派条件をおき、その影響を比較した結果、多数派の影響下では残像は「オレンジ」（スライドを補色の青とみている）で、少数派の場合には「赤」（スライドを補色の緑とみている）であった。すなわち、多数派による影響が意識的にあっても、個人の価値観までには影響しない。一方で、少数派による影響は、個人の価値観や人間の基本的な知覚システムにも影響する。すなわち少数派には、集団に本質的な変化をもたらす影響力があることを意味している。

Hollanderのアプローチのように、少数派メンバーは組織への忠誠心と貢献により公的リーダーになって、組織の規範を変える影響力をもつようになるかもしれない。一方で、少数派メンバーがリーダーとして選ばれる機会は少ないために、多数派メンバーよりも高い忠誠心と貢献が要求されるであろう。少数派優遇措置によって公的リーダーの役割が付与されれば、特異性信用による逸脱の回避が厳しくなり、集団への影響力には困難が伴うであろう。リーダーになってからの集団への貢献で特異性信用を蓄積するなど、集団に信用されるために多数派から逸脱しないことを継続的に明示する努力が求められるであろう。

Moscoviciのアプローチでは、少数派メンバーのリーダーシップは非公式

の影響過程であり、自分の意見を表明し続けるリーダーシップが求められる。その意見への賛同者がいれば、集団の価値観や規範に本質的な変化が生じる可能性もある。しかし、多数派と異なる意見を唱え続けることは容易ではないし、少数派の意見に耳を傾けてもらうまでには多くの障壁がある。まずは少数の賛同者を得て、少数派集団として集団全体を変える試みを長期的に続けることになる。

6. 少数派メンバーによるリーダーシップが困難な理由

少数派メンバーによるリーダーシップが難しい理由として、3つの理論から考察する。集団メンバーの類似性を説明するASA理論、暗黙のリーダー論、社会的アイデンティティ理論である。

(1) ASA理論

組織には類似した個人特性を持つ人たちが集まりやすい（ASA理論 Attraction-Selection-Attrition; Schneider 1987）。新メンバーの候補者も、自分の特性や価値観と類似した組織に魅力を感じる。組織の既存メンバーは、新たなメンバーを自分たちや組織との類似性により選抜する。もしも組織に合わない人が入っても自然に淘汰され、組織は類似したメンバーの集合体として斉一性を高める。多数派の特性は組織特性に反映されやすく、選抜やその後の過程でも自然に維持される。このように集団の内部環境は多数派により効率的に保たれる。しかし少数派は集団の多数派との類似性が低いためにメンバーとしても選ばれにくく、リーダーとしても選抜されにくい。しかし、類似性がもたらす集団の斉一性は、集団の硬直化や、外部環境の変化への適応度を低くする要因にもなりうる。

(2) 暗黙のリーダー論

私たちの「典型的なリーダーらしさ」についてのイメージも少数派にとっては壁になる。このようなイメージは、リーダーらしい性格、スキル、行動、

また、特定の地位、文脈や、性別や経験などに関連づけられた、プロトタイプと呼ばれる（Yukl 2013）。たとえ成果が同じでも、ステレオタイプのイメージに合うリーダーと、合わないリーダーがいる場合には、後者の評価が低くなる。フォロワーもリーダーを暗黙のリーダー論（Lord & Maher　1991）により評価している。

　たとえば、管理職は男性のイメージが強く、女性のイメージと結びつきにくい。これは、TMTM（think manager-think male）というステレオタイプである（Schein 1973; 1975, Sczesny 2003）。Schein（2001）は、アメリカ、イギリス、ドイツ、中国、日本でTMTMの文化的普遍性を確認した。比較した当時の1992-1993年には、日本の女性は労働者の40％を占めながら管理職比率は8％と低く、性別による職種や給与に格差があること、女性はOLとよばれて主にお茶を出すような事務的な仕事に就いていることなども紹介されている（Schein 2001）。

　TMTMを香りで検討した実験研究もある。女性的な香水と男性的な香水のどちらかをつけた架空の人物の履歴書（実験1）、あるいは、直接会って握手を交わして（実験2）、その人物が初級の管理職候補としてどの程度ふさわしいかを評定してもらった。評価を受ける人物は実験協力者のサクラである。この人物が男性でも女性でも、女性的な香りの人物は低く評価された一方で、男性的な香水をつけている候補者に対しては評価が高くなった（Sczesny & Stahlberg 2002）。

　管理職と男女の特性について、組織の業績と組み合わせて比較した実験研究からも興味深い結果が得られている（Ryan, Haslam, Hersby, & Bongiorno 2011）。業績のよい組織の管理職は男性的な特徴と関連して認識された一方、業績の悪い組織の管理職は女性的な特徴と関連して認識されていた（実験1）。また、業績のよい組織／業績の悪い組織に典型的な管理職の特徴を尋ねると、業績のよい組織の場合にはTMTMがみられず、業績の悪い組織においては女性的特性との関連が高くなった（実験2）。また、業績の悪い会社の新しい管理職に必要な特性として、以下の5つのうち1つを提示した（忍耐型：裏方として堪える、責任型：部署の失敗の責任を必然的にとる、人事管理型：危機

の間の人事問題に取り組む、スポークスパーソン：スポークスパーソンとして部署に被害対策を提供する、改善型：部署を管理して生産性を上げる）（実験3）。それぞれの新しい管理職について、女性的特性と男性的特性の項目の評定を求めたところ、忍耐型、責任型、人事管理型において、性別特性の得点に差がみられて、いずれも女性的特性のスコアが高くなった。スポークスパーソン、改善型には差はみられなかった。すなわち、業績の悪い、成功していない組織の管理職として女性が期待されるのは、忍耐、責任、人事管理であること、それは、女性が「良い人であり、失敗の責任を引き受けてくれそうだ」という認識に基づくものという考察である（Ryan, Haslam, Hersby, & Bongiorno 2011）。

(3) 社会的アイデンティティ理論

　リーダーのイメージには文化に普遍的な TMTM のようなプロトタイプがある。一方で、特定の集団に典型的な特性や、その集団らしさというプロトタイプもあり、社会的アイデンティティ理論（Tajfel 1972; Tajfel & Turner 1979）に基づく検討がなされている。

　私たちは、個人としてのアイデンティティと、所属するカテゴリーや集団に基づくアイデンティティをもっている。後者が社会的アイデンティティである。私たちはアイデンティティを肯定的に保ちたいとする動機づけをもつが、社会的アイデンティティの場合は、外集団との対比により内集団のアイデンティティを肯定的に維持したいという動機が生じている。

　社会的アイデンティティとは、何らかの感情や価値観を伴う特定の集団のメンバーシップにより、自分がその社会集団に属しているという個人の知識である。内集団・自集団の意味は、外集団・他集団の存在や、外集団との関わりの中で生じる。社会的アイデンティティは自己評価的であり、高い内集団評価をもつために、集団間を社会的に比較して、自集団に肯定的な評価をもつことが重視される。集団間には、このような肯定的なアイデンティティのための競争もある。その背景には、集団間の境界の透過性についての主観的な理解と、集団間の地位関係の正当性と安定性がある（Hogg 2001）。

第5章　少数派メンバーのリーダーシップが組織にもたらす影響

　一方、社会的アイデンティティの認知的側面を強調した自己カテゴリー化理論（Turner 1985; Turner, Hogg, Oakes, Reicher, & Wetherell 1987）では、他者の社会的カテゴリーは、内集団や外集団のプロトタイプに知覚的に同化する。そうすると、自集団のプロトタイプとの類似と外集団のプロトタイプとの相違が強調されて知覚されるようになる。このプロセスが脱個人化である。類似と相違の強調効果が、ステレオタイプの土台になる。脱個人化によって、ユニークで多面的な個人としての認識ではなく、内集団や外集団のプロトタイプとの適合度が注目されるようになる。個人的な自己概念が社会的なそれに変わり、態度、感情、行動のすべてをプロトタイプに同化させることで、個人の態度、感情、行動も変化する。

　社会的アイデンティティ理論や自己カテゴリー化理論でいうプロトタイプとは、対象人物がその集団に典型的で、その集団らしい特性をどの程度もっているかについての主観的評定である。具体的には、その人と外集団メンバーとの知覚された差異の平均値と、その人と内集団メンバーとの知覚された差異の平均値とのメタコントラストにより計算される（坂田・高口 2008）。

　さらに、私たちには、周囲の状況の不確実性を減らしたいという動機がある。重要な事柄の不確実性は自己概念にも関わる否定的な状態であるが、態度、感情、行動が内集団のプロトタイプにより規定されていれば、不確実性が低減される（不確実性低減理論, Hogg 2000）。

　この不確実性低減への動機は、どのようなリーダーを支援するかにも影響を及ぼす。Rastら（Rast, Gaffney, Hogg, & Crisp 2012）は、自分に関連する不確実性の感じ方により、メンバーからリーダーへの支援、すなわち、プロトタイプ性の高いリーダーと、プロトタイプ性の低いリーダーへの支援の度合いが変わることを実験的に検討した。対象は大学生で、実験状況は学生代表の選挙であった。結果により示されたのは、不確実性の高低に関わらず、プロトタイプ性の高いリーダーへの支援が高いことであった。一方で、不確実性が高い場合には、プロトタイプ性の低いリーダーへの支援が高まることも示された。すなわち、不確実な状況を変えられるリーダーの不在が認識されると、プロトタイプとは関係なく実行能力のあるリーダーを選び、不確実性

を下げようとする。

　以上の3つの理論からは、私たちが集団における類似性に価値をおくこと、広義と狭義のプロトタイプに縛られて、それに合わないリーダーを認めにくいために、少数派メンバーが集団でリーダーシップをとりにくいこと、影響力への認知もなされにくいことがわかる。集団に資源をもたらし、フォロワーにとって利益の多い分配がなされる期待のもとにリーダーシップが発展してきた、という進化論による検討もこれらの視点を裏付けている（Van Vugt, Hogan, & Kaiser 2008）。少数派メンバーがリーダーとして選ばれても、その状況はリスクが高く、当初から困難が伴うこともわかる。

7. 少数派のリーダーシップは集団に何をもたらすか

　しかし、少数派の存在は、集団に利益をもたらすこともわかっている。Sommers（2006）は模擬裁判において、容疑者が黒人、被害者が白人の事件を設定して、白人のみ6名の人種の多様性の低い集団と、白人4名に黒人2名の人種の多様性が高い集団の討議を比較した。その結果、人種の多様性の高い集団においては、証拠についてシステマティックに、かつ、広く検証が行なわれていることがわかった。多様性の低い集団は、短時間で適当な判断をしたのに対して、多様性の高い集団は判断ミスも少なく、事実に基づいて判断するなど、集団意思決定の質が高くなったことが示された。高い多様性の集団において多数派の白人の実験参加者は、偏見に対して、より配慮している様子も示された。少数派の存在は確かに集団内に緊張をもたらすが、同時に、多様性による利益をもたらしている。

　リーダーが少数派のアイデンティティを複数もつ場合、単一の少数派リーダーに対する評価とは異なることも指摘されている（Wilson, Remedios, & Rule 2017）。人種（白人男性／黒人男性）×性的志向性（ストレイト／ゲイ）の組み合わせで、リーダーとしての評価、人物像、男性性など、評定を比較した結果、リーダーシップ評価には、人種と性的志向性の主効果はなく、交互作用のみが有意に示された。白人の場合、ゲイよりもストレイトでリーダー

シップ評価が高く、逆に黒人の場合にはゲイの方がストレイトよりもリーダーシップ評価が高くなった。ストレイトの場合に人種による差はなく、ゲイの場合には黒人男性の方が白人男性よりもリーダーシップ評価が高くなった。Wilson ら（2017）による複数の研究の中で、男性性とリーダーシップの関連性を分析した結果において、人種に関係なく、逆 U 字型の曲線回帰が示された。すなわちリーダーシップ評価は、男性性の評定が低すぎても高すぎても高くならず、男性性が中程度の場合に最も評価が高くなった。このように、男性性が必ずしもリーダーシップの評価と単純な正の相関にはないことは、人種や性的志向、あるいは、性別といった単純で単一のカテゴリーによる比較だけでは、リーダーシップの本質はみえてこないという示唆でもある。

Sommers（2006）による指摘のように、集団の成果について新たな指標や軸を設定して検討すること、また、Wilson ら（2017）から示唆されるように少数派の定義を見直して、既存の単純なカテゴリー以外の視点を導入することで、少数派が集団にとってもたらす利益を新たに見出すことも可能だと考えられる。

8. 集団の公正さ

少数派のリーダーシップによる集団の多様性が短期的にコンフリクトを生んでも、変化する社会の中では、長期的には集団の生存可能性を高めると考えられる。少数派のリーダーシップの存在は、集団の公正さの象徴でもある。公正な集団の価値観は、集団内外の多様なメンバーにとって受け入れられやすい普遍性と強さをもっている。多様性のある集団は、ネットワークにも多様性をもつため、社会的資源において優れる。そのために、外界との関係において、長期的に生き残る力が強いのではないか、と考えられる。

公正研究の当初の関心は結果の分配にあった。結果の分配の基本原則は、貢献に対する報酬を衡平に得ることである。次に注目されたのが結果に至るまでの過程、すなわち、手続き的公正である。手続きの過程においては、誰

もが理解できる一貫した正当なルールが存在し、それが実行されることが重要である。権威者が自己利益に偏らずに客観的に一貫性をもって判断し、判断に誤りが生じたら異議申し立てができるなど修正余地があり、決定プロセスへの参加の機会があることも、手続き的公正において重要な要素である。

　手続き的公正研究の中から発展したのが集団価値モデル（Lind & Tyler 1988）である。社会生活の中で、私たちは特定の集団へのメンバーシップを大切にする。そして、その集団への同一性と、その集団の伝統や価値観の表れである手続きが重視される。メンバーと集団の基本的価値が一致していれば、集団内の手続き的公正の知覚は高くなる。手続き的公正は、集団や権威者に対する態度や認知、集団への貢献や感情に影響する。手続きにおいて、メンバーに対する丁寧な態度や、メンバーの尊厳の重視は、手続き的公正の判断に強く影響して、個人が積極的で資格も十分なメンバーだという自覚を促し、コントロールの感覚を生じさせる。

　BladerとTyler（2009）は、さらに、社会的アイデンティティ（同一化、プライド、リスペクト）を中心にした、集団エンゲージメントモデルを提示した。手続き的公正と、結果への期待が、社会的アイデンティティにプラスに影響し、社会的アイデンティティが媒介となって集団の生産性と、メンバーの役割外行動（集団への協力と貢献）を促す。組織従業員への調査により、部署レベルと組織レベルの両方で、モデルの有効性と、すべてのパスの有意性も確かめられている（Blader & Tyler 2009）。

　少数派メンバーがリーダーシップを発揮するためには、個々のメンバーの尊厳を重視し、一定のルールに従い、公正であることが必要である。公正性に価値をおくメンバーが集団に魅力を感じ、同一化して貢献すれば、集団の公正性は維持されていく。人間の基本的な特性として公正性への希求があるのならば、公正な集団には、集団外からの評価も高まるだろう。集団外からの評価は、集団に対する肯定的なアイデンティティの動機づけを満たし、長期的に集団の魅力と集団への貢献度の維持にもつながるだろう。

9. 少数派によるリーダーシップの実現

　少数派によるリーダーシップの実現には、まず、少数派メンバーが公式のリーダーとして選出される機会の不均衡を修正する方略として、少数派優遇措置が効果的である。同時に、優遇による自尊心の低下など、少数派への配慮とともに、多数派への対応も重要である。少数派優遇により多数派のメンバーが既得権益の喪失の恐れを感じることがある。たとえば、人種の多様性が顕在化すると、人種的多数派は自らの地位が脅かされるという脅威を感じ、少数派メンバーへの攻撃性を高めるという指摘もある（Craig & Richeson 2014）。集団内の集団間やメンバー間の葛藤、長期的偏見、公正さへの疑義を回避するためには、少数派優遇措置について集団全体にその目的と意義を伝えて理解を促すように努める必要がある。組織のポリシーを明確化する方法も効果的である。たとえば「多文化主義を尊重する」（多文化主義）、「個人の違いに価値をおく」（個人の相違）という組織のポリシーが、リーダーシップへの効力感、肯定的な成果の期待、上級管理職志向性を高めたことも示されている（Gündemir, Dovidio, Homan, & De Dreu 2017）。

　少数派優遇措置を形骸化させないことも重要である。少数派メンバーが国会議員の候補者にいるという事実だけで、実際の選出や力の発揮がなくても、集団の公正性や正当性が高く評価されて、現状肯定が高まるという示唆もある（Brown & Diekman 2013）。制度をせっかく作っても、活用の方向性を間違えば、まったくの無駄になるだろう。制度の活用実態と、その効果および障壁を継続的に把握することも重要である。

　女性活躍推進においても、女性管理職の育成だけでなく、組織全体や男性の認識を把握し、必要があれば変えていく必要があるだろう。少数派の女性管理職の活躍を助け、妨げになるのは何かについても知る必要がある。日本的雇用関係は、メンバーシップ型の特徴をもち、特定の能力やスキルによるジョブ型でなく、全人的な役割への割り当てを行う（濱口 2001; 2013）。このような状況において少数派の女性を優遇すれば、多数派である男性メンバー

の不満が高まることは容易に想像できる。一方で、経団連は2018年9月に新卒採用のための就職活動スケジュールの見直しを発表した。今後、従来の新卒一括採用重視が変わり、人材の流動性が高まれば、性別や年齢などの単純なカテゴリーの顕在化は弱まる可能性もある。少数派の活用により多様性によるベネフィットがもたらされれば、カテゴリーの複雑化も進むだろう。少数派である女性も独身、既婚、子どもの有無など、異なるカテゴリーがある。カテゴリー同士が資源競争に陥るのではなく、相互協力に向かうためにはどうすればよいか。女性だけでなく、男性にも多様性とその利益がもたらされるようにするにはどうするか。人事・社会制度の多様化も必要であろうし、今日の技術と工夫があれば、実現は可能であろう。

一方で、社会的なスティグマを付随する少数派への対応はこれからであり、その重要性がさらに増すであろうことも考えられる。

引用文献（著者アルファベット順）

Blader, S.L., & Tyler, T.R. (2009). Testing and extending the group engagement model: Linkages between social identity, procedural justice, economic outcomes, and extrarole behavior. *Journal of Applied Psychology*, *94*, 445-464.

Brown, E.R. & Diekman, A.B. (2013). Differential effects of female and male candidates on system justification: Can cracks in the glass ceiling foster complacency？ *European Journal of Social Psychology*, *43*, 299-306.

Chemers, M.M. (1993). An integrative theory of leadership. In M.M. Chemers & R. Ayman (Eds.). *Leadership theory and research: Perspectives and directions*, (pp. 293-319). San Diego, CA, US: Academic Press. 白樫三四郎（訳）(1995)『リーダーシップ理論と研究』黎明出版.

Craig, M.A. & Richeson, J.A. (2014). More diverse yet less tolerant？ How the increasingly diverse racial landscape affects White Americans' racial attitudes. *Personality and Social Psychology Bulletin*, *40*, 750-761.

淵上克義（2002）『リーダーシップの社会心理学』ナカニシヤ出版.

藤井立三・三沢光男・宮川雅（1974）「アマチュアスポーツにおけるアパルトヘイト事例の研究（南ア共和国問題について）」『日本体育学会大会号』25, 143.

Gündemir, S., Dovidio, J.F., Homan, A.C., & De Dreu, C.K.W. (2017). The impact of organizational diversity policies on minority employees' leadership self-perceptions and goals. *Journal of Leadership & Organizational Studies, 24*, 172-188.

濱口桂一郎（2001）『日本の雇用と労働法』日本経済新聞社.

濱口桂一郎（2013）『若者と労働「入社」の仕組みから解きほぐす』中央公論新社.

Hogg, M.A. (2000). Subjective uncertainty reduction through self-categorization: A motivational theory of social identity processes. *European Review of Social Psychology, 11*, 223-255.

Hogg, M.A. (2001). Social identity theory of leadership. *Personality and Social Psychology Review, 5*, 184-200.

Hollander, E.P. (1958). Conformity, status, and idiosyncrasy credit. *Psychological Review, 65*, 117-127.

Hollander, E.P. & Julian, J.W. (1970). Studies in leader legitimacy, influence, and innovation. *Advances in Experimental Social Psychology, 5*, 33-69.

小坂井敏晶（2013）「社会心理学講義」『閉ざされた社会と開かれた社会』筑摩選書.

Lind, E.A. & Tyler, T.R. (1988). *Social psychology of procedural justice.* New York, NY: Plenum Press.

Lord, R.G. & Maher, K.J. (1991). *Leadership and information processing: Linking perceptions and performanc*e. Boston: Unwin-Hyman.

Mahome, N., Caccia, A. & Tsehiana, A. (Produced), Curling, C. & MacFarlane, P. (Directed) (1974). *Last Grave at Dimbaza.* Morena Films.

Mintzberg, H. (1973). *The nature of managerial work.* New York, NY: Harper & Row, Harper Collins. 奥村哲史・須貝栄（訳）（1993）『マネジャーの仕事』白桃書房.

Mintzberg, H. (2009). *Managing.* San Francisco, CA: Berrett-Koehler Publishers. 池村千秋（訳）（2011）『マネジャーの実像「管理職」はなぜ仕事に追われているのか』日経BP.

Moscovici, S., Lage, E. & Naffrechoux, M. (1969). Influence of a consistent minority in the response of a majority in a color perception task. *Sociometry, 32*, 365-380.

Moscovici, S. & Personnaz, B. (1980). Studies in social influence: V. Minority influence and conversion behavior in a perceptual task. *Journal of Experimental Social Psychology, 16,* 270-282.

Rast, D.E., III, Gaffney, A.M., Hogg, M.A., & Crisp, R.J. (2012). Leadership under uncertainty: When leaders who are nonprototypical group members can gain support. *Journal of Experimental Social Psychology, 48,* 646-653.

Ryan, M.K., Haslam, S.A., Hersby, M.D., & Bongiorno, R. (2011). Think crisis-think female: The glass cliff and contextual variation in the think manager-think male stereotype. *Journal of Applied Psychology, 96,* 470-484.

坂田桐子編（2017）『社会心理学におけるリーダーシップ研究のパースペクティブII』ナカニシヤ出版

坂田桐子・淵上克義編（2008）『社会心理学におけるリーダーシップ研究のパースペクティブI』ナカニシヤ出版．

坂田桐子・高口央（2008）「リーダーシップ研究における自己概念の役割」坂田桐子・淵上克義編『社会心理学におけるリーダーシップ研究のパースペクティブI』第2章, pp. 53-77. ナカニシヤ出版．

Schein, V.E. (1973). The relationship between sex role stereotypes and requisite management characteristics. *Journal of Applied Psychology, 57,* 95-100.

Schein, V.E. (1975). The relationship between sex role stereotypes and requisite management characteristics among female managers. *Journal of Applied Psychology, 60,* 340-344.

Schein, V.E. (2001). A global look at psychological barriers to women's progress in management. *Journal of Social Issues, 57,* 675-688.

Schneider, B. (1987). The people make the place. *Personnel Psychology, 40,* 437-453.

Sczesny, S. (2003). A closer look beneath the surface: Various facets of the think-manager-think-male stereotype. *Sex Roles, 49,* 353-363.

Sczesny, S. & Stahlberg, D. (2002). The influence of gender‐stereotyped perfumes on leadership attribution. *European Journal of Social Psychology, 32,* 815-828.

Sommers, S.R. (2006). On racial diversity and group decision making: Identifying multiple effects of racial composition on jury deliberations. *Journal of Personality and Social Psychology, 90,* 597-612.

Tajfel, H. (1972). Social categorization. English manuscript of 'La categorisation sociale.' In S. Moscovici (Ed.), *Introduction a la Psychologie Sociale* (Vol. 1, pp. 272-302). Paris: Larousse.

Tajfel, H., & Turner, J.C. (1979). An integrative theory of intergroup conflict. In W.G. Austin & S. Worchel (Eds.), *The social psychology of intergroup relations* (pp. 33-47). Monterey, CA: Brooks/Cole.

Turner, J.C. (1985). Social categorization and the self-concept: A social cognitive theory of group behavior. In E. J. Lawler (Ed.), *Advances in group processes: Theory and research* (Vol. 2, pp. 77-122). Greenwich, CT: JAI.

Turner, J.C., Hogg, M.A., Oakes, P. J., Reicher, S. D., & Wetherell, M. S. (1987). *Rediscovering the social group: A self-categorization theory.* Oxford & New York: Blackwell.

Van Vugt, M., Hogan, R., & Kaiser, R.B. (2008). Leadership, followership, and evolution: Some lessons from the past. *American Psychologist, 63*, 182-196

Wilson, J.P., Remedios, J.D., & Rule, N.O. (2017). Interactive effects of obvious and ambiguous social categories on perceptions of leadership: When double-minority status may be beneficial. *Personality and Social Psychology Bulletin, 43*, 888-900.

山本喜志郎（1969）「南アフリカ共和国とワイン事情」『日本醸造協會雜誌』64, 520-524.

Yukl, G. (2013). *Leadership in organizations Eighth edition.* Harlow, Essex: Pearson Education Ltd.

第Ⅱ部
女性のリーダーシップ育成の課題

第 6 章　女性農業者のリーダーシップ形成と地位向上に向けた取り組み

粕谷美砂子

1. はじめに

　5年ごとに調査されている「農林業センサス」によると、2015年の農業就業人口[1]は、209万6,662人で、そのうち女性は48.1％（100万9,045人）、男性は51.9％（108万7,617人）である。基幹的農業従事者数[2]は、175万3,764人のうち、女性は、42.7％（74万9,048人）、男性は、57.3％（100万4,716人）である。農業従事者の4〜5割を女性が担っており、農林水産業の担い手として女性は重要な役割を担っている。

　女性農業者[3]は、戦前から戦後に渡って農家の嫁として「角のない牛」と形容されてきたように、ひたすら働き、農業労働報酬はなく、そのために資産形成もできず、主体的に生活設計を立てることはできなかった。こうした状況は徐々に改善され、国際的な潮流も関連して、90年代に入り、ようやく女性農業者の今日的課題としてクローズアップされ、現在に至っている。女性農業者の立場は変化し、その地位は向上してきたといえよう。

　1992年に農林水産省による『2001年に向けて──新しい農山漁村の女性（農山漁村の女性に関する中長期ビジョン懇談会報告書）』（女性に関するビジョン研究会編、以下「中長期ビジョン」と略す）が示されてから27年が経過した。この間、農村の女性農業者はどのように変化してきたのか。

　例えばグループ活動を通じて技術とリーダーシップを磨き、農業委員など役割を担い社会参画をしながら農林水産業に携わっている女性たち、6次産業化の進展に伴い生産だけでなく、加工・販売に取り組む女性たちが数多くみられる。彼女らは、自らのエンパワーメント、そして地域活性化のために

目標を掲げ、皆を巻き込んでいる。2013年には農林水産省経営局就農・女性課女性活躍推進室内に事務局を置き、「農業女子プロジェクト（以下、農業女子PJと略記する）」[4] という名称で、女性農業者が日々の生活や自然との関わりの中で培った知恵を様々な企業の技術・ノウハウ・アイディアなどと結び付け、新たな商品やサービス、情報を創造し、社会に広く発信していくためのプロジェクトを開始した。この取り組みは、農業で活躍する女性の姿を様々な切り口から広く社会に情報発信することにより、職業としての農業を選択する若手女性の増加を図ることを目指している。

このように、女性の活躍が日本の社会経済の活性化に不可欠であるという認識の広がりの中で、雇用労働者だけでなく、自営業、農林水産業に従事する女性の活躍をみることができる。

ただその一方で、農業女子PJが「女性農業者の活躍の見える化をすればするほど、男女格差の見えない化に機能してしまっている」との指摘もある（藤井　2019：31-32）。

経済産業省は「価値創造のためのダイバーシティ経営に向けて」[5] において、「ダイバーシティ経営」を、「多様な人材を活かし、その能力が最大限発揮できる機会を提供することで、イノベーションを生み出し、価値創造につなげている経営」としている。ここでいう「多様な人材」とは、性別、年齢、国籍、障がいの有無などだけでなく、キャリアや働き方などの多様性も含み、「能力」には、多様な人材それぞれの持つ潜在的な能力や特性なども含むとしている。さらに「イノベーションを生み出し、価値創造につなげている経営」とは、組織内の個々の人材がその特性をいかし、いきいきと働くことの出来る環境を整えることによって、「自由な発想」が生まれ、新しい商品やサービスなどの開発につながるような経営のこととしている。農業においてもこの「ダイバーシティ経営」がみられる。

本稿では、多様な生き方をしている女性農業者の事例から、農村における女性農業者のリーダーシップ形成へのプロセスと地位向上に向けた取り組みの状況を明らかにする。

2. リーダーシップの視点でみる農村における女性農業者の地位向上のプロセス

　戦後日本の女性・女性農業者の地位向上との関わりから、女性農業者のリーダーの育成はどのように目指されてきたか。国内外の農山漁村における女性農業者の地位向上とリーダーシップに関連する事項の変遷を概観する。

　国内では、戦後の生活改善普及事業として、担い手である生活改良普及員が、生活改善グループを育て、その中でリーダーを育成し（天野　2001：99）、それが地域コミュニティの活性化にもつながっていた。その後、普及事業の変化に伴い、生活改善の意味が弱まり、1991年に、生活改良普及員は農業改良普及員と合わさって改良普及員（生活関係）となり、2002年には生活との区別もなくなった。2005年には普及指導員という名称となった．その役割も変化し、人権原理よりも人材原理が優先されるようになった（大内　2017：165）。

　遡って1979年の「女子に関するあらゆる形態の差別撤廃条約」の14条には「農村の女子が直面する特別の問題及び家族の経済的生存のために果たしている重要な役割（貨幣化されていない経済の部門における労働を含む。）を考慮に入れる」ものとし，「農村の女子に対する差別を撤廃するためのすべての適当な措置」をとり、権利を確保することが採択された。

　90年代に入り、前述1992年の「中長期ビジョン」では農林水産業を「職業」として、また「職業人」としての女性農業者のイメージを強調し、今も「職業としての農業を選択する若手女性の増加を図る」という表現は継続している。その後の農山漁村における女性関連施策としては、1995年には第4回世界女性会議で「北京宣言及び行動綱領」が採択され、国内では「家族経営協定の普及推進による家族農業経営の近代化について」の通達が出された。食料・農業・農村基本法（1999年）、食料・農業・農村基本計画（2015年）でも女性の参画が明示されるに至った。

　2012年には、国連女性の地位委員会第56会期が開催され、優先テーマは、「農山漁村女性のエンパワーメント及び貧困・飢餓撲滅・開発・今日的課題

における役割」であった。2013年には、前述「農業女子PJ」開始され、現在進行中の第4次男女共同参画基本計画（2015年）では、「Ⅰ　あらゆる分野における女性の活躍」の「第4分野　地域・農山漁村、環境分野における男女共同参画の推進」[6]において、「農山漁村における政策・方針決定過程への女性の参画拡大」や「今後の地域を支えていく農業者となっていく認定農業者を始めとした、様々な形で農山漁村において地域を牽引していく女性リーダーを育成するための研修の充実等、女性リーダー層の活躍促進に向けてネットワーク化を推進し、先進的な取組や知識・技術に関する情報交換・提供等の継続的なサポートを推進する」として、農山漁村における女性リーダーの育成の推進を掲げている。

　2015年〜2030年末までに取り組む環境や開発問題に関する世界の行動計画として国連「持続可能な開発目標（SDGs）」が示され、その中で「ジェンダーの平等を達成し、すべての女性と女児のエンパワーメントを図る」ことが目標とされている。2016年には「女性活躍推進法」が、2018年「政治の分野における男女共同参画推進法」が施行された。

　このように、抜粋ではあるが、戦後の国内外の女性・女性農業者の地位向上関連事項をみると、農山漁村の女性が低い地位に留まり差別を受けていた状況から、その役割・活躍が評価され、男女共同参画、ジェンダー平等を達成し、地域を牽引していく女性リーダーの育成を目指すことへと変化・進展してきたことがわかる。ただ、女性農業者の地位向上の課題解決の方法として大きな役割を果たしてきた生活改善グループのメンバーが高齢化し、後継者がなく減少してきている現在、地域を牽引していく女性リーダーの育成を、これまでのようなクループの育成を離れて、別の形で可能かどうか、どのようなネットワーク化が可能かを検討していく段階に来ている。

　リーダーシップの研究は多元的であり、複雑なテーマである（中山2016：57）。ここではリーダーシップに関する先行研究に立ち入らないが、リーダーシップとは、「分有された目標・目的に向けて、フォーマルに組織化されたり、インフォーマルに結集した人々の集合的努力を動員する地位を獲得し、その役割を積極的に遂行する行動・過程」であり、「リーダーシップはリーダー

とフォロワーとの相互作用」ととらえることができる。また、リーダーの行動がフォロワーの反応を条件づけ、逆に、フォロワーの行動がリーダーの反応を条件づける（日本大百科全書）。例えば、米国を中心に実証研究が取り組まれてきたサーバント・リーダーシップは、1977年にグリーンリーフが提唱したユニークなリーダーシップ哲学・思想として取り上げられている（中山 2016:55）。サーバントは、フォロワーに尽くす人を意味し、相手をコントロールするより奉仕するリーダーシップのことである。サーバントである人は、他人が最も必要としているものを与えるために、相手の立場で考え、間の気持ちを推しはかる能力に磨きをかけることが多い（グリーンリーフ 2008：55）。スピアーズは、グリーンリーフによるサーバント・リーダーシップの属性を、傾聴、共感、癒し、気づき、説得、概念化、先見力・予見力、執事役、人々の成長に関わる、コミュニティづくりの10項目に整理している（グリーンリーフ 2008：572-573）。これらの属性は、どれもリーダーシップを発揮するのに必要であると思うが、「サーバント」という言葉が、「召し使い、使用人、従僕」を意味するがゆえに、違和感を持つことも否めない。

次節では、長野県農村生活マイスターへの「農村女性の現状と政策に関する調査」結果等から女性農業者のリーダーシップ形成について検討する。

3．女性農業者のリーダーシップに関する事例

(1) 長野県農村生活マイスターへの「農村女性の現状と政策に関する調査」結果から

1)「農村女性の現状と政策に関するアンケート調査」[7]の調査目的・方法

農村女性には、社会に出て目覚ましく活躍する女性もいれば、地道に我が家の農業経営に専念する人もみられる。若い世代にはインターネットやSNSを駆使して交流する人も増えている。「農村女性の現状と政策に関するアンケート調査」は、このようなさまざまな場面で活躍している農村女性の姿を明らかにし、新しい農村女性政策を検討することとを目的として実施された。

対象は、長野県農村生活マイスター協会会員816人の全数調査である。長

野県農村生活マイスター制度（以下、マイスター制度と略記する）とは、「農村女性リーダー設置事業」により 1992 年に開始された長野県における女性農業士認定制度[8]である。前述したとおり、同年に農林水産省による「農山漁村の女性に関する中長期ビジョン」が示されており、本制度は設立から 27 年が経過している。長野県は女性農業者のリーダー育成の先進地といわれ注目されてきた。藤井（2011：35, 57）は、称号を付与することの意味について、本人の視点からは、「誇り」と「自覚」をうながす名誉的側面と、地域リーダーとしての役割を果たしやすくなること、地域住民の側からは、「地域役職者」としての位置づけをあげ、マイスターは行政による制度的権威づけにより付加価値を付けたフォーマル・リーダーであると述べている。また、長野県は、農業委員[9]への女性の就任が多く、マイスター制度が女性農業委員輩出の基盤となっている（藤井 2011、高地 2017）。以上が、マイスター制度に着目する理由である。

　調査期間は、2016 年 7 月 8 日～9 月 30 日で、アンケートの設問項目は全 34 問である。アンケート用紙の配布方法は、長野県内の各農業改良普及センターと長野県農村生活マイスター協会役員を通じて配布し、回答者（マイスター）からの郵送により回収した。

2）結果および考察

　調査の回収数は、長野県農村生活マイスター協会会員の女性全数 816 人のうち、422 人（回収率：51.7％）である。回答者の年齢は 34 歳から 83 歳、平均年齢は 64.7 歳であった。60 代が最多で 5 割弱を占め、60 歳代以上が約 7 割と高齢者が多い。30 代は 4 名（0.9％）のみであった。農業以外の仕事を経験したことがある人が 89.6％、都会で生活をしたことがある人は 28.2％であった。現在農家である人が 366 人（86.9％）であった。仕事（複数回答）は農産加工 37.4％、農産物直売所 33.6％と最も多く、次いで観光農園・農業体験が 16.8％であった。2015 年の所得（農業所得、農外所得、年金などを含む）の合計金額は、200 万円未満が 7.8％、200～400 万円未満 21.6％、400～600 万円未満 21.4％、600～800 万円未満 13.8％、800～1 千万円未満 11.6％、

第6章 女性農業者のリーダーシップ形成と地位向上に向けた取り組み

表6-1 農村生活マイスターとして力を入れてきた活動（N=422）

(%)

	農村生活マイスターとして力を入れてきた活動	最も力を入れた活動◎	力を入れた活動○
1	食育・食農教育	10.7	56.2
2	女性団体の活動	9.2	54.3
3	農家生活の向上	9.2	40.0
4	農村女性起業などの地産地消活動	6.9	28.4
5	地域活動の推進	6.4	41.7
6	地域の農業振興	5.2	30.6
7	文化の伝承活動	2.1	31.5
8	農村女性の社会参画の推進	1.4	31.3
9	家族経営協定の推進	1.7	21.1
10	都市・農村交流	0.9	16.1
11	農業後継者の育成	0.5	11.6
12	あて職の活動	0.5	10.0
13	その他	0.5	1.9

1千万円以上20.4％、無回答3.4％である。農家における立場は、経営主13.3％、経営主の配偶者72.3％、経営主の親8.9％、経営主の後継者0.8％、後継者の配偶者3.6％、その他0.3％、無回答0.8％であった。

就農の経緯は、「夫が跡継ぎであったため」が79.1％と最も多く、「あととり娘」に相当する「自分の実家の農業を継ぐため」に就農した人は12.1％、「夫が新規就農したため」は5.0％、「自分が新規就農したため」は、2.2％、無回答は1.6％であった。「あととり娘」は、地域に認められやすく、地域のリーダー的役割を果たす人でもあると思われる。

農外の勤めをしているかを問うたところ、「していない」が73.0％、パートが10.5％、正社員1.5％、嘱託・準社員が1.2％、アルバイトが6.1％、その他4.4％、無回答が3.3％であった。

「家の農業経営の意思決定にどのくらい参画しているか」では、「中心的に参画している」が47.3％、「補助的に参画している」43.4％、「ほとんど参画していない」5.7％、「無回答」3.6％であった。5割弱が中心的に参画しているとはいえ、補助的に参画している者も4割強いる。

「農村生活マイスターとしてどのような活動に力を入れてきたか」（表6-1）は、複数回答として力を入れた活動に○をつけ、そのうち最も力を入れたものの一つに◎をつけてもらった。

食農・食農教育が最も高く、次いで女性団体の活動、農家生活の向上の順

表6-2 農村生活マイスターになって良かったと思っていること（N=422）

(%)

	農村生活マイスターになって良かったと思っていること	最も良かったこと◎	良かったこと〇
1	仲間づくりができた	43.1	89.6
2	情報が入手しやすくなった	4.0	41.9
3	農業経営意欲が増大した	3.3	22.7
4	地域への関心が高まった	2.8	37.0
5	地域活動がしやすくなった	2.6	32.5
6	家から出る機会が増えた	0.5	36.3
7	市町村や県への行政への関心が高まった	1.7	35.1
8	農政への関心が高まった	1.2	33.9
9	家族関係を見直すことができた	1.4	14.5
10	その他	0.2	0.9

表6-3 農村生活マイスター活動で、困っていること（N=422）

(%)

	農村生活マイスター活動で、困っていること	最も困っていること◎	困っていること〇
1	新たなマイスターの後継者がいない	26.8	51.9
2	地域のなかで知名度が低い	14.5	42.9
3	活動がマンネリ化している	9.7	38.4
4	活動に時間が取られる	5.9	17.1
5	あて職が多い	3.6	13.5
6	経済的な負担がある	0.5	3.3
7	その他	2.8	9.2

であった。最も力を入れた活動を一つあげてもらったところ、食育・食農教育が1割で、女性団体の活動と農家生活の向上が1割弱であった。

「農村生活マイスターになって良かったと思っていること」（表6-2）についても同様に、複数回答として良かったことに〇を、最も良かったと思ったこと一つに◎をつけてもらった。

「仲間づくりができた」ことが良かったこととして9割（89.6％）が、最も良かったこととしても43.1％が、第一と回答した結果となった。次いで良かったこととしてあげられたのは、「情報が入手しやすくなった」ことであった。最も良かったこととしてあげられた「仲間づくり」以外の項目は、低い数値に留まっている。

一方、「農村生活マイスター活動で、困っていること」（表6-3）は、「新たなマイスターの後継者がいない」51.9％、「地域のなかで知名度が低い」41.9％、「活動がマンネリ化している」38.4％であった。最も困っていることについても同様の順位であった。地域のなかで知名度が低く、活動がマンネ

表6-4 あなたは農業や農村において、女性が活躍するためには、どのようなことが必要だと思うか（13項目中上位7つ、N=422）

(%)

	あなたは農業や農村において、女性が活躍するためには、どのようなことが必要だと思うか（13項目中上位7つ）	最も必要だと思うこと◎	必要だと思うこと○
1	本人の意欲	30.6	81.8
2	家族の協力	13.5	71.1
3	女性の組織化・仲間づくり	4.3	39.8
4	男性の協力	4.3	36.3
5	行政の支援	4.0	32.9
6	学習の機会	3.1	41.5
7	女性の経済的基盤	3.1	24.6

リ化していることが、新たなマイスターの後継者がいないことに関連していると思われる。さらに表6-2の「仲間づくり」や「情報が入手」ができることだけでは、新たなマイスターの後継者育成にはつながらないと思われる。

　関連して、「あなたは現在のマイスター制度についてどのように思うか」を問うたところ、「重要」15.8％、「どちらかというと重要」54.0％、「どちらかというと重要でない」23.6％、「重要でない」6.6％であった。「重要＋どちらかというと重要」が7割であるとはいえ、「どちらかというと需要でない＋重要でない」が3割いることは、マイスター制度の意義の再検討の必要性を示唆していると思われる。

　「農村生活マイスターの他にも、役職の経験があるか（現在も含め、複数回答）」を問うたところ、「農村女性グループの代表」55.5％、「地域婦人会の会長」27.7％、「農業委員」24.6％、「市町村の審議会などの委員」24.6％、「農協女性部の部長」23.7％、「直売所・女性起業組織の代表」22.3％など、多くの役職を経験していることがわかった。農村生活マイスターである女性たちは、所属組織や地域のリーダーとして活躍していることがわかる。

　表6-4に「あなたは農業や農村において、女性が活躍するためには、どのようなことが必要だと思うか」の13項目のうち上位7つを示した。必要だと思うこととして、「本人の意欲」81.8％、「家族の協力」71.1％が高い。「学習の機会」が41.5％、次いで「女性の組織化・仲間づくり」「男性の協力」「行政の支援」は4割〜3割であった。「女性の経済的基盤」は24.6％であった。一方、最も必要だと思うこととしては、「本人の意欲」が30.6％で最も高く、「家

族の協力」が 13.5％、それ以外の項目は 3～4％と低い数値に留まっている。この結果は、農業や農村において女性が活躍するために「本人の意欲」が最も必要であることは言うまでもないが、社会の中で真に女性が活躍できるようになるには、それ以外の要素、環境整備が重要であることを示しているのではないか。

「地域における農村女性の地位向上や社会参画について 10 年前よりも進んだと思うか」については、「進んだ」20.6％、「少し進んだ」50.0％、「変わらない」22.5％、「少し後退した」2.1％、「後退した」0.7％、「無回答」 4.1％であった。「進んだ＋少し進んだ」が 7 割いるが、「変わらない」が 2 割おり、「少し後退した＋後退した」に 3％ほどいることも無視できない。

前述表 6-4 と合わせて考察すると、地域における農村女性の地位向上や社会参画が、「本人の意欲」だけで進むわけでない。25.3％が否定的な回答であるのは、本人の意欲という内的要因だけでは改善されない、制度や環境などの外的要因の充実が不十分であることを含んでいるではないか。さらにリーダーシップの観点からもリーダーとフォロワーの相互作用によって成り立つのであるから、同様に本人の意欲という内的要因だけでなく、外的要因の充実が求められている。

本稿 2 節で、農山漁村における女性農業者の地位向上及びリーダーシップに関連する事項の変遷を追ったが、政策等では取り上げられるようになったとはいえ、女性農業者の地位向上の問題の解決やリーダーシップを発揮できる環境が整ったとは未だ言えない。

3）まとめ

以上の結果から、調査に回答のあった農村生活マイスターは、経営主が 1 割、経営主の配偶者が 7 割であった。農業経営には 47％が中心的に参画していた。また、半数以上が、農村女性グループのリーダーを経験していた。このように、農村生活マイスターは、農業経営や農家生活に意欲的な女性農業者であり、地域のリーダーとして活躍することを目指している。グループ活動においてリーダー的存在の女性がマイスターに認定されている。農村生

活マイスターは、県知事の認定を受けたフォーマル・リーダーと位置づけられる。ただ、高地（2017）は、マイスター同士の関係性では、認定からの年数や世代（年齢）による差が生じているのではないかとし、特に制度開始から10年間に認定を受けた60代後半以上が中心的な初期のマイスターは、モデル的なリーダー世代ではないかと考察している。さらに、マイスターの称号を得ずとも、意思決定の場に女性が進出するケースが増えつつあるのだとすれば（例えば、NAGANO農業女子[10]）、一称号としての意義、あるいは制度そのものも意義が問われているのではないかと指摘している（高地　2017）。表6-3で示したように、「新たなマイスターの後継者がいない」という課題から、農山漁村の次世代の女性リーダー育成は次の新たな段階に来ていると考える。

(2) 地域の資源（人・もの）を活かす「みたけグルメ工房」における　リーダーシップ

本節では、女性農業者のリーダーシップについて検討するために、事例として、長野県の「みたけグルメ工房」を取り上げる。「みたけグルメ工房」[11]がある長野県木曽郡木曽町は、江戸から京へ続く中山道沿いにあり、福島宿には関所が置かれ、古くから政治・経済・文化の中心地として栄えてきた。農業は、冷涼な気候を活かした「御嶽はくさい」や「木曽子牛」の生産が盛んである。また、木曽漆器などの伝統工芸品も特産の一つである。木曽町の西部、御嶽山の東に位置する三岳地域は、人口1,369人、世帯数579世帯（2016年2月1日時点）、高齢化率43％の過疎・高齢化が進行する中山間地域である。

2001年に結成された「みたけグルメ工房」の活動の特徴は以下の4点である。

第1に、代表の西尾禮子氏[12]を中心とした女性の主体的な活動による取組みであるという点である。自家農産物の販売により自分の収入を得たいという想いから、女性農業者セミナーをきっかけに、1994年に直売組織「こまくさの会」を立ち上げ、夏場は利用しないレンタルスキー店を借りて直売を始めた。初日の売り上げは700円であったという。行政機関やその他関係者へ積極的に働きかけ、道の駅三岳の建設に併せて「みたけグルメ工房組合」

の結成に至っている。地元農家との契約栽培による全量買取りが波及し、「人・もの」が集まり、地域農業の発展に貢献している。また、単身や核家族世帯の増加による生活に密着した小口の依頼にも細やかに対応している。

　第2に、在来種としての伝統野菜の復活とその加工による地域活性化への貢献である。愛知用水・牧尾ダム建設のため絶滅したと思われた「三岳黒瀬蕪」の種を唯一残す1軒の農家から貴重な種を譲り受け、復活させ、現在では約60戸が栽培するまでに拡大させた。それを加工した「すんき」（木曽地域独特の塩を使わない乳酸菌発酵の漬物）や「赤かぶ漬け」等の商品化に意欲的に取り組んだ。

　第3に、高付加価値化を目指し、農産物直売から農産物加工への取組を20年以上かけて段階的に発展させてきた点である。工房職員が県外や海外へ視察に行き、消費者ニーズに適した特産品の開発に努めている。大相撲の「御嶽海」の活躍にあやかり、大福餅の「みたけうめ」を商品化するなど、毎月1品以上新商品を開発している。2003には、商品数17、売り上げ704万円であったが、2016年には商品数は113までに増加し、売り上げは約7倍以上の5,100万円へと着実に伸びている。

　第4に、地域への貢献度の高さが特筆に値する。2004年からは、学校給食への食材及び製品の供給による食育活動を、2010年からは弁当の製造販売及び高齢者への弁当の宅配も行っている。2014年の御嶽山噴火の際には、一般業者が引き受けられなかった早朝からの捜索隊の昼食作りを引き受け、再捜索を含め21日間で約15,450食を提供し、過酷な捜索に協力した。近年は、三岳地域の旅館と連携し、景観の良さを活用したグリーンツーリズムの一環としての役割も果たしており、その影響力と普及性は顕著である。

　以上のように、本活動は、経営規模の小さな地域において、過疎・高齢化により地域の関係が希薄化する中、地元住民による交流の好循環を創出している。農業分野における女性の活躍、木曽の伝統的な食文化の伝承と希少な地域資源の保全、地域独自の食材と現代のアイディアを融合させた商品の高付加価値化など、多様な観点から地域農業の活性化に貢献している。

　以上、「みたけぐるめ工房」は、直売組織に始まり、道の駅三岳の建設に

第 6 章　女性農業者のリーダーシップ形成と地位向上に向けた取り組み

併せて「みたけグルメ工房組合」の結成となった。代表の西尾氏のリーダーシップはもちろんのこと、組合員 28 名の女性たちが各々自分の得意分野を活かしてリーダーシップを発揮している。本事例の聞き取り調査結果からは、前述スピアーズによるサーバント・リーダーシップの属性に基づいた、組合員および地域の人々が望むことを意図的に聞き出す「傾聴」、他の人々の気持ちを理解し、「共感」すること、「癒し」、倫理観や価値観とも関わる自分と自部門、地域の課題への「気づき」、職位に付随する権限に依拠せず、服従を強要せず、他の人々を「説得」できること、大きな夢を見る能力を育てたいと願う「概念化」、過去の教訓、現在の現実、将来のための決定への帰結を理解できる「先見力・予見力」、大きなものを任せても「信頼」できると思われるような人であること、一人ひとりの、みんなの「成長」に深くコミットできること、「コミュニティを創り出す」ことができること、の 10 項目全てが当てはまる。それが農業での生きがい就労に繋がっている事例と言える。

(3)「農業の未来をつくる女性活躍経営体 100 選（WAP100）」からみるダイバーシティ・マネジメントの事例

農林水産省経営局就農・女性課女性活躍推進室は、次世代リーダーとなりうる女性農業者の育成および農業で新たなチャレンジを行う女性の経営発展の支援として、研修会やセミナーの開催、女性農業者のネットワーク強化、前述農業女子 PJ の情報発信サイトの運営、ワークショップの開催等を実施している[13]。農業女子 PJ には、2017 年 4 月時点で農業女子 589 名、参加企業 28 企業、教育機関 2 校が参加している。

これら女性農業者に対する支援の一環として、公益社団法人日本農業法人協会が 2015 年度〜 2017 年度の 3 年間に渡って、農林水産省補助事業として「農業の未来をつくる女性活躍経営体 100 選（WAP100）[14]」（委員長：東京家政学院大学教授上村協子氏）を認定した。2015 年度に 32 経営体、2016 年度に 28 経営体、2017 年度に 42 経営体、3 年間で計 102 経営体を認定した。審査内容は、「女性の活躍推進に関して、①経営者の理念や方針に沿って、②具体的な取り組みを行い、③経営上の成果が現れていること」である。WAP100 の理念は、「〜女性が変える日本の農業〜 "働きたくなる" "継ぎた

くなる""渡したくなる""始めたくなる"農業経営体」とし、この理念に基づき、認定経営体を、創業年数と従事者数を指標として4つ「大規模経営型（働きたくなる）」「家族経営型（継ぎたくなる）」「次世代育成型（渡したくなる）」「スタートアップ型（始めたくなる）」に分け、類型ごとに女性活躍のポイントやWAP100認定経営体の特徴を示している。

WAP100を日本の女性農業者エンパワメントモデルとして提示し、これらの農業分野における女性の活躍は、国連の持続可能な開発目標（SDGs）にもつながるものと位置づけている。

具体的には、従業員のうちの女性の数、女性管理職、一般職、常勤パートの数等を示し、専業農家から法人化した事例や、後継者中心に若手、中堅層、シニア層の女性たちが活躍している経営体、産前産後休業、育児・介護休業制度を整備している経営体、希望にあった就業形態が選択できる経営体、女性に配慮した環境整備に取り組んだ経営体、子育てや介護と仕事が両立できる環境を整備している経営体、時短勤務の導入など、経営体で働く人に合わせた制度を柔軟に導入した事例等を提示している。定年退職後のセカンドライフ農業や障碍者雇用などダイバーシティ経営の事例も盛り込まれている。これらの中には、女性リーダーによる経営だけでなく、女性リーダー以外にも女性の取り組みが評価され、活躍している多様な経営体が認定されている（日本農業法人協会　2017、2018）。

労働力不足、高齢化、後継者不足、耕作放棄地の増加など農業を取り巻く厳しい状況の中、WAP100の事例からは女性がリーダーシップを発揮し切り開いてきた経営体や、女性の能力を活用できるように環境を変えていった経営体など、多様な経営体をみることができる。

様々な事例からは、個人が共通の目的を実現するための財や力を結合し、自由意志と契約にもとづいて組織化されたアソシエーション（山口　2004）として捉えることもできよう。農山漁村においては、地縁的な要素を含みながらも、自発的な参加の形態をとった地域課題解決のためのアソシエーションへと機能を替えながらコミュニティの再興（鈴木　2008：141-142）へと繋げていくことが求められている。

4. おわりに
―― 女性農業者のリーダーシップと次世代育成への課題 ――

　2015年農林業センサスの主副業別農業後継者の有無別農家数（販売農家）によると、同居の農業後継者がいる農家は、29.9％、同居農業後継者がいない農家は7割である。そのうち、他出の農業後継者がいない農家は51.3％である（農林水産省 2017）。新規就農者についてもここ10年間の推移をみても、5万人から7万人で、2017年新規就農者数 は、5万5,670人である（農林水産省 2018）。国際競争力が激化しているとともに深刻な後継者不足の中、家族経営農業を継ぐだけでなく、WAP100にも類型化されたように、「大規模経営型（働きたくなる）」「次世代育成型（渡したくなる）」「スタートアップ型（始めたくなる）」など、多様な農業経営体の増加が必要である。農業での「ダイバーシティ経営」による多様な生き方が模索されている。

　このような労働力不足、高齢化、後継者不足、耕作放棄地の増加など農業を取り巻く厳しい状況の中で女性農業者は農業の重要な担い手として注目されている。家族経営農業の家族従事者としてのみ働いていた時代から、共同経営者や経営主として女性農業者の地位は向上してきたといえる。女性農業者たちは、自分も仲間も地域もエンパワーメントさせてきた。本稿の事例からは、そこにキーパーソンとしてのリーダーの女性の存在があった。農村の時として煩わしい人間関係から身を引かず、地域生活の人間関係の要としての役割を果たしていることをみることができた。女性農業者たちは、日常生活を自らの手と工夫により豊かにすることができる生活技術を持ち、それが起業、6次産業化へ繋がり、都市生活者を自然の中に迎え入れるコーディネーターの役割も果たしていた。個人ではできないことが、グループ活動により可能になる場合もみられた。しかし、1人が上に立つのではなく、各部門にリーダーをつけて任せたり、運営が民主的で、メンバー間での合意形成の努力が行き届いている。これらはリーダーとフォロワーの相互作用による。

　リーダーシップを発揮するための主体的な女性農業者の育成とは、変化しつつある社会に対応できるように自分の活動を位置付けられるかということ

ではないだろうか。そのために学習を継続し、新しい価値や施策を柔軟に理解し、生活に取り込んでいる。自分たちは資源、技術、ネットワーク等何を持っているかを明確にし、生産・加工・流通・販売・消費の一連のプロセスの総体をマネジメントできることは農林水産業の強みともいえよう。新しい時代を吸収しながら、地域の中で「自分たちの役割は何か」、「課題解決するにはどうすれば良いか」が考えられ、必要な情報を収集できる人がリーダーとして活躍している。

　生活改良普及員らが推進してきた生活改善グループや関連したグループ活動を牽引してきた女性や、本稿で取り上げた農村生活マイスターの女性たちは、所属組織や地域のリーダーとして活躍してきた。農村生活マイスター制度は、女性農業者のリーダーシップを生み出す要因として一定の機能は果たしてはきたが、現在は、さらなる多様性が模索されている。普及事業が変化している中で、次世代育成への課題としては、地域を牽引していく女性リーダーの育成を、これまでのようなクループの育成を離れて、別の形で可能かどうか、新たにどのようなネットワーク化が可能かを検討していく段階に来ているといえる。今後は「ダイバーシティ経営」を含み、マイスター制度等から生み出された女性農業者の多様な生き方への把握と分析が必要である。

　農林水産業の担い手として重要な役割を果たしている女性農業者が、多様な生き方をし、リーダーシップを発揮しながら多様な農村生活を発信していく可能性も感じられる。そういった農村生活の変化が、担い手だけでなく生活者にも求められている。

　　謝辞
　　本稿の一部は、JSPS 科研費「農村女性の現状と政策に関する総合的研究（課題番号：26292117）」（2014 年度～ 2018 年度、研究代表 明治大学農学部教授 大内雅利の研究分担者として参加）による。「農村女性の現状と政策に関する調査」にご協力くださった長野県農村生活マイスターの皆様、「みたけグルメ工房」の西尾禮子氏とメンバーの皆様に深く感謝申し上げます。

第 6 章　女性農業者のリーダーシップ形成と地位向上に向けた取り組み

注
1)「農業就業人口」とは、農業従事者のうち調査期日前 1 年間に自営農業のみに従事した者、農業とそれ以外の仕事の両方に従事した者のうち自営農業が主の者の人口をいう (2015 年農林業センサス「第 2 巻　農林業経営体調査報告書――総括編――」利用者のために)。
2)「基幹的農業従事者」とは、農業就業人口（自営農業に主として従事した世帯員）のうち、ふだん仕事として主に自営農業に従事している者をいう（同上）。
3) 農村における女性の呼称は、農村女性、農家女性、女性農業従事者と様々ある。女性農業者という呼称は、1991 年以降に使用され始めた（天野 2001：27）。
4) 農林水産省経営局就農・女性課女性活躍推進室（2018）「『農業女子プロジェクト』について」http://www.maff.go.jp/j/keiei/nougyoujoshi/index.html＞2018 年 8 月 20 日アクセス。
5) 経済産業省（2015）「価値創造のためのダイバーシティ経営に向けて」＜www.meti.go.jp/policy/economy/jinzai/diversity/kigyo100sen/entry/pdf/h27betten.pdf＞2018 年 8 月 20 日アクセス。
6) この他、関連する内容として「男女共同参画の視点に立った環境問題への取組の推進」「男女間の平等や女性のエンパワーメントを含む持続可能な開発のための教育の観点も踏まえ、地域における環境学習を推進する」「女性が男性の対等なパートナーとして経営等に参画できるようにするため、家族経営協定の普及や有効な活用」等が示されている。
7) 日本学術振興会　科学研究費補助金「農村女性の現状と政策に関する総合的研究」(2014 年度～ 2018 年度、研究代表 明治大学農学部教授 大内雅利の研究分担者として参加)。
8) 農林水産省ホームページによれば、指導農業士とは、優れた農業経営を行いつつ、新規就農者等の育成に指導的役割を果たしている農業者が、各都道府県の知事から指導農業士（農業経営士，普及指導協力員，農の匠など呼称は様々ある。日本全国で約 1 万人）として認定されており、地域農業の振興に関する活動を行う。青年農業士制度もある。農業士制度発足の先駆けは長野県(1967 年) といわれている。1992 年「農山漁村の女性に関する中長期ビジョン」の中で、「婦人農業士」、「生活改善士」等、称号をつけて認定することが推奨され、女性農業者の社会的地位向上と、地域の意思決定の場への参画を促進するために、本制度が注目され、各都道府県において女性の認定を制度化する動きが拡大した。

9）2016 年 4 月 1 日に施行された改正農業委員会法により、農業委員の任命に当たっては、年齢、性別等に著しい偏りが生じないように配慮する旨の規定が設けられた。2017 年 10 月 1 日時点の全国の女性農業委員数は 2,773 人、全農業委員に占める女性の割合は 10.6％である。長野県の女性農業委員数は、158 名（総数 1154 名、女性割合 13.7％）である。最も女性割合が高いのは、栃木県 16.9％（総数 443 名のうち女性は 75 名）である。

10）「NAGANO 農業女子」は、専業、兼業、既婚、独身等にかかわらず、長野県内で農業に従事している若い女性を対象としている。問い合わせ先は、長野県農政部農村振興課担い手育成係である。「NAGANO 農業女子 STYLE」＜ http://www.noukatsu-nagano.net/joshi/contents/about.html ＞ 2018 年 10 月 6 日アクセス。

11）毎日新聞社第 65 回（平成 28 年度）「全国農業コンクール」名誉賞受賞。筆者は審査委員として携わり、現地聞き取り調査を行った。

12）1997 年に農村生活マイスターに認定されている。

13）農林水産省経営局就農・女性課女性活躍推進室へ 2017 年 4 月 20 日ヒアリングを行った。

14）WAP とは、「農業経営（体）における女性の積極的な参画」の英訳「Women's Active Participation in Agricultural Management」から名づけられた愛称である。

引用文献（著者アルファベット順）

天野寛子（2001）『戦後日本の女性農業者の地位――男女平等の生活文化の創造へ――』ドメス出版．

藤井和佐（2011）『農村女性の社会学――地域づくりの男女共同参画――』昭和堂．

藤井和佐（2019）「変容する地域社会と農業者ネットワークの可能性」『農業と経済』85（1），24-34．

グリーンリーフ・ロバート・K 著、ラリー・C・スピアーズ編集、金井壽宏監訳、金井真弓訳（2008）『サーバントリーダーシップ』英治出版．

女性に関するビジョン研究会編（1992）『2001 年に向けて――新しい農山漁村の女性（農山漁村の女性に関する中長期ビジョン懇談会報告書）――』．

中山慶介（2016）「日本の企業組織に有効なサーバント・リーダーシップ特性の特定化」『近畿大学商学論究』15（1），55-73．

日本農業法人協会（2017）「農業の未来をつくる女性活躍経営体 100 選～

WAP100〜女性が変える日本の農業」公益社団法人日本農業法人協会.
日本農業法人協会（2018）「WAP100　2017　農業の未来をつくる女性活躍経営体100選〜2017年度WAP100認定経営体概要」公益社団法人日本農業法人協会.
農林水産省（2017）「2015年農業センサス：主副業別農業後継者の有無別農家数（販売農家）」.
農林水産省（2018）「2017年新規就農調査」.
大内雅利（2017）「農村女性政策の展開と多様化――農林水産省における展開と都道府県における多様化――」『明治大学社会科学研究所紀要』56（1），145-189.
小学館『日本大百科全書（ニッポニカ）』.
鈴木奈穂美（2008）「地域活動・NPOと社会的経済」伊藤セツ・川島美保『三訂　消費生活経済学』光生館, 137-150.
高地紗世（2017）「長野県農村生活マイスター制度の現状と課題――アンケート調査をもとに――」農家女性政策研究会配布資料（2017年12月30日）.
山口定（2004）『市民社会論――歴史的遺産と新展開――』有斐閣.

第7章　女子大学のリーダーシップ開発における実務経験教員の役割

今井章子

1. はじめに

　2018年春2期目の卒業生を出した昭和女子大学ビジネスデザイン学科では、「自ら課題を発見しその解決に取り組もうとする真のリーダー」の育成を掲げ、ボストン留学や関連する専門科目、プロジェクトを通じた経験学習（Project-based Learning）を中心とするゼミ活動をカリキュラムに取り入れており、その運営には、営利企業等での実務経験を持つ教員（実務経験教員）が多く関わっている[1]。

　本稿では、本学科の卒業生が学部時代のリーダーシップ体験や学習をどのように認識しているか、また、実務経験を持つ教員が、学生のリーダーシップ育成をどのように意識しているかを調査した。

2. リーダーシップ論の変遷

　調査結果の前に、本稿が意識する「リーダーシップ」理論の発展を表7-1にまとめておく。

　参考文献の出版年代に現れているように1970年代以降、それまでの偉人伝のような属人的分析から脱却し、リーダーシップを一つの「機能」と捉え、集団をリードするものとリードされるものとの関係性、もしくは、集団が直面する課題の性質に着目する手法が主流となった。

　しかも時代が進むにしたがって「集団」の範囲も広がっている。かつては従業員、顧客、株主を意識していれば済んだ企業責任の射程（境界

表 7-1　リーダーシップ論の概要

理論／学派	特徴	参考文献
偉人型、特性理論	偉人伝説に登場するような傑出した個人を称賛、その人物の特性や性格を分析してなぜリーダーたりえたのかを検証	Stodgill, 1948; Tannenbaum and Schmidt, 1973; CEML, 2002; Harter, 2008
行動理論	リーダーの特性ではなく、行動に着目。その動機を「課題解決 (P)」と「人間関係 (M)」との2軸に置き、両者の組み合わせがリーダーシップの型を規定	三隅二不二、Lewin et al., 1939; Blake and Mouton, 1964, 1985; Kouzes and Posner, 1995
条件適合理論	リーダーシップは、リーダーの行動を引き起こした文脈や背景、地位の力などさまざまな条件で決まる。逆にそれらの条件がリーダーシップの型を規定。パス・ゴール理論（ハウス他）、SL理論（ハーシー他）など。	Hersey and Blanchard, 1969, 1974; Vroom and Yetton, 1973; Graeff, 1983; Fiedler, 1967; House and Mitchell, 1974; Barbour, 2008
交換・交流理論	リーダーシップは、リーダーの指揮命令に対して、フォロワーが報酬などを目的に服従するという「交換関係」によって成立するという理論、LMX理論（グレーン）など。	Homans,1961; Graen, Orris, & Johnson, 1973
変革型理論	公共善などより高次のモラルやビジョン持ったリーダーが、メンバーの意欲を引き出し、集団で変革を推進するリーダーシップ。カリスマ型理論など。	Bass, 1974; Burns, 1978; Price, 2003
適応型リーダーシップ	人々が困難な課題と向き合い、乗り越えて生き延びていけるよう、集団を動かすための実践策。技術的課題と適応型課題で分析し、後者に取り組んで変革する	Heifetz and Linsky 2002
サーバント・リーダーシップ	倫理観と精神性に軸足を置くリーダーシップ。「リーダーは、まず相手に奉仕し、その後相手を導く」哲学的アプローチ。	Greenleaf 1977, Spears 2004
〈女神的〉リーダーシップ	世界6か国13万人の調査をもとに、人間の資質のイメージを女性的・男性的に分類し、リーダーシップに必要な資質を分析したところ、人々がリーダーに求める資質の多くは「女性的」と分類された語群であった	Gerzema 2013

出典：University of Cambridge Institute for Sustainable Leadership (2016:5)（筆者訳）及びグロービス経営大学院 (2014) を参考に筆者作成。

boundary[2]) は、現在では原料や部品の調達段階から消費後のリサイクル・廃棄段階まで、バリューチェーン全体に及び、そのステイクホルダーも多国籍・多業種である。当然、企業責任の内容も変化しており、目先の短期利益のみならず、地球環境、社会活動、ガバナンス (ESG) を持続可能にしつつ事業活動を行う責任が問われるようになった。環境・人権・公正さの向上のように、大きな集団が持つ既存の習慣・価値観・規範を変える必要のある課題、集団全体で向き合わなければ意味がないタイプの課題に取り組むためのリーダーシップ論が注目されている。

例えば、地球温暖化対策や人種差別撤廃の推進に反対する者は少なかろうが、だからといって一人の力で一朝一夕に現状を変えられるものでもない。「変革型リーダーシップ」は、変化の意義や目的を集団に示し、共感を得ながら集団を変えていく。一方、「適応型リーダーシップ」では、集団自身が変化の必要性を受け入れ、順応するよう促して、集団全体を新しい均衡状態へと向かわせる。

これに対し、「サーバント・リーダーシップ」は、倫理性や精神性を重視するリーダーが、傾聴、共感、癒し、執事役など10の特性を生かして自ら集団に奉仕的に働きかけることにより、メンバーが内発的動機から変革への行動を起こすようになるという考え方である。

また、理論的整理とは流れが異なるが、複雑系社会へのヒントとして、「謙虚」「共感」「信頼性」など10の「女性的」資質を重視する『〈女神的〉リーダーシップ』(ガーズマほか 2013) も注目されている。ガーズマとダントニオ (2013：6-36) は、先進13か国6万4000人を対象とした調査を基に、「雇用不足、経済の停滞、地球温暖化」が深刻さを増す中で、人々は、「リーダーや組織はスキャンダルや失敗を起こしてばかり」で、「大きな組織や企業が権力を持ちすぎ」(86％)、「世の中の公平感」も高まっていない (74％) と感じていると述べている。そして、現代社会の解決に役立つのは「男性的な行動」よりも「女性的な発想」であるとした人は、2000年以降に成人した「ミレニアル世代」においてより顕著であったという[3]。

3. リーダーシップ学習に対する卒業生の意識

ミレニアル世代である昭和女子大学ビジネスデザイン学科の卒業生たちは、若手社会人としてリーダーシップをどのようにとらえ、学生時代の学習との関連をどのように認識しているのであろうか。

在学時におけるPBL学習の効果については前田・小森・宮脇 (2016) の考察に詳しいが、すでに在学時から、リーダー役の学生たちには支配型ではなく、適応型やサーバント型リーダーシップとの親和性が見受けられた。

そこで、本学科の卒業生（1期生及び2期生）を対象に「リーダーシップ教育に関する意識調査」をオンライン・アンケートで実施した（送付数234件、回答数54件（回収率23%）。実施時期は2018年8月1日〜19日）。

(1) 学生自身のリーダーシップ学習効果の認識

まず、若手社会人としてリーダーシップの発揮をどのように考えているのかを①自分の上司が持つ資質、②自分自身が発揮している資質の両面から見てみる。

自分の上司にリーダーシップがあると思うとした者（75.9%）が、複数回答で上げた要素を見ると、上司には「決断力、行動力、影響力」（77.5%）や「計画性、合理性、分析力」（62.5%）があると評価する一方、「協調性、共感力、傾聴力」（55%）、「自己奉仕や自己犠牲の精神」（32.5%）など、「適応型」、「サーバント型」、あるいは「女神的」資質も評価されている。

一方、自分自身がリーダーシップを発揮できていると回答したのは40.7%で、「協調性、共感力、傾聴力」（71.4%）の発揮が多数を占め、「決断力」（38.1%）、「計画性」（42.9%）とは大きく差をつけた。

学生時代にリーダーシップを身につけることができた機会としては、学科開設科目である「女性のキャリア形成とビジネス」、「女性のための組織行動論」「グローバル発想とリーダーシップ」、昭和ボストン校で英語で提供している「Leadership」、3-4年次のPBLを中心とする「ゼミ活動」「学外でのボランティア、アルバイト、インターンシップなど」「ボストン留学など海外での経験」が挙げられた。

これらの中で、最もリーダーシップが身についた機会として挙げられたのは「ゼミ活動」（21.2%）、「海外での経験」（19.2%）、「学外でのボランティアなど」（17.3%）であった。企業とともに実際に商品を開発したり、NGO活動の現場に参画することで、経験的にリーダーシップを体感していたようだ。本調査の回答者には活動の代表ではなかった学生も含まれていることから、経験学習は、活動における役割にかかわらずリーダーシップを自覚する機会になっていたことが窺える。

表7-2 習得できたリーダーシップの要素と活動時の役割（M.A）

問：具体的にはどのようなリーダーシップでしたか（複数回答可）。
・決断力、実行力、影響力　　・計画性、合理性、分析力 ・忍耐力、粘り強さ　　　　　・順応性、適応力 ・協調性、共感力、傾聴力　　・自己奉仕や自己犠牲の精神 ・特になし

（回答者数　54）

	活動の代表（22）	活動の副代表（10）	メンバーの一員（22）
決断力、実行力、影響力	17（77.3%）	4（40.0%）	10（45.5%）
計画性、合理性、分析力	12（54.5%）	6（60.0%）	11（50.0%）
忍耐力、粘り強さ	9（40.9%）	3（30.0%）	5（22.7%）
順応性、適応力	7（31.8%）	2（20.0%）	9（40.9%）
協調性、共感力、傾聴力	14（63.6%）	8（80.0%）	16（72.7%）
自己奉仕や自己犠牲の精神	6（27.3%）	1（10.0%）	1（4.5%）

　次に、そうした機会に具体的にどのようなリーダーシップの要素を身につけることができたかとの問い（複数回答）には、「協調性、共感力、傾聴力」（71.7%）が最も多く、次いで、「決断力、実行力、影響力」（58.5%）、「計画性、合理性、分析力」（54.7%）が続く。

　これを当時の回答者自身の役割との関連で見たのが表7-2である。プロジェクトやゼミに於いて活動の代表役を担った者（22名）は、身についたリーダーシップの要素を複数回答で平均3項目選んでおり、最も多かったのは「決断力」（77.3%）次が「協調性」（63.6%）であった。副代表を担った者（10名）と特に役割を持たなかった一般メンバー（22名）の傾向は同じで、平均2項目を選択するも、「決断力」を挙げた割合は低く（それぞれ40%、45.5%）、対照的に「協調性」がそれぞれ80%、72.7%と他の要素を大きく引き離しており、フォロワーとしてリーダーに協力する役割を意識していたと考えられる。リーダーやチームに協力しようという姿勢は、上述の現在の上司と自分のリーダーシップの発揮にもみられる傾向であった。もっともこの自覚的（と思われる）「協調」の姿勢が、「サーバント型」「適応型」が期待するようなリーダーのビジョンを十分理解した上でのものか、それとも組織内のある種の「横並び」の圧力によるものかは、さらなる検証が必要である。

　学生時代のこうした経験が、若手社会人である今の自分にどのように役

立っているかについての任意記述をみると「リーダーシップの授業でケーススタディを多数学び考えたが、現在は毎日がケーススタディ。どう行動するべきか今は自分のものにして向き合っている」（入社2年目、航空・総合職、営業部門）、「（適応型リーダーシップの全体俯瞰の手法である）バルコニーから自分の立ち位置を観る癖付けが出来ている」（1年目、人材・総合職、営業）、「チームが活性化するために自分はどの役割をしたら良いか積極的に考え行動するようになった」（2年目、IT・総合職、IT）、「新人2人に業務を教える時に、活動を通したコミュニケーション力を活かせた」（2年目、金融・総合職、総務）などが寄せられた。

(2) 実務経験教員の役割について

　指導教員のビジネス経験が自分のリーダーシップ経験に役立ったのは「ゼミ活動」（36.8％）であると回答した者が最も多く、次に、外部の実務家を活用した専門科目「女性のキャリア形成とビジネス」（13.2％）と「女性のための組織行動論」（10.5％）が続く。

　具体的に、教員のどのようなところがリーダーシップ学習の役立ったかについては、「実務経験に基づく具体的な助言、講義、解説など」（73.7％）、「現役のビジネスパーソンを紹介」（60.5％）、「実在の企業や組織とタイアップしてプロジェクトを設計」（42.1％）、「ビジネスパーソンとしての礼儀やマナー、ホウレンソウ（報告・連絡・相談）などスキルの伝授」（39.5％）などが挙げられ、この傾向は回答者が活動の代表であったか否かにかかわらず同じであった。

　実務経験教員について自由記述で聞いたところ、「組織における権威としてのリーダーと、実際にリーダーシップを持つ人とは違うことをX先生から教わったので、どんな立場であれ組織に影響を与えられる真のリーダーになりたい。Y先生のゼミでは、メンバーの強みを活かしたマネジメント手法について学び今に活かしている」（1年目、人材・総合職、営業）、「指導教員が現役ビジネスパーソンと繋がり、リアルな話題・ケーススタディを私達に提供し、学ぶ機会をくれたことが今の自分の基礎となっている。これからも

学生たちに社会に出た時の困難の乗り越え方を教示してほしい」(2年目、航空・総合職、営業)「ゼミのZ先生は、常にモチベートしてくれる『できる上司』のような存在。チームワークは、空気を読まなくてはならないただの友達間では学ぶことは出来なかった。ビジネス経験に長けた先生に出会えたことで、生まれて初めて自分に自信を持つことができるようになり、やりたいことは行動に移し、チャレンジできるようになった」(1年目、IT・総合職、IT)などの回答があった。

(3) 共感するリーダーシップのスタイルと今後の学習意欲

図7-1は、卒業生たちが今、どのようなタイプのリーダーシップに共感しているのか、4つのタイプ別に賛成の度合いを5段階のリッカート尺度で尋ねたものである(1が反対、5が賛成)。

4つのタイプは、それぞれ①特性理論型、②変革型、③適応型、④サーバント型のリーダーシップ資質を意識した設問である。全体的に傾聴力や共感力など「女神的」要素を重視する「適応型」や「サーバント型」への支持が強い。「特性理論型」リーダーシップに程度4及び程度5の賛意を示した者(55.6%)は、「適応型」や「サーバント型」にも賛意を持っている一方(それぞれ53.3%、56.7%)、「変革型」への賛意は20%にとどまった。最近の理論では、個人の特性よりも、リーダーたらしめる条件やビジョンを重視するが、この回答からは、リーダーシップのスタイルとしては「女神的」な要素を期待するものの、そうした行動をとることができるのは、特性ある人物だと考えている可能性があり、さらなる検証を要する。というのも、各種世論調査において多くの女性が、自分には向いていないから管理職などリーダー職につきたくないと回答することが指摘されており、その背景に特性理論への根強い支持がある可能性が高いからである[4]。

最後に、今振り返って学生時代にどのようなリーダーシップについてもっと学んでおきたかったかとの問いには、「女性管理職、女性経営者に必要なリーダーシップ」(44.2%)、「総合職、一般職などコースに応じたリーダーシップのあり方」(44.2%)、「女性のワークライフバランスに役立つリーダーシッ

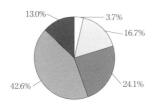
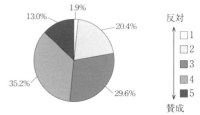

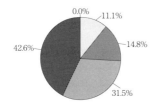
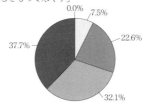

図7-1　調査協力者が共感するリーダーシップのスタイル

(質問項目：あなたが考えるリーダーシップの在り方についてお伺いします。以下の類型についてあなたはどの程度賛同しますか。5段階で示してください。)（回答者数54）

プ」（40.4％）が挙げられた。

　また、現在のキャリアトラックとの兼ね合いで見ると、総合職トラックにいる者は、「女性管理職・経営者に必要なリーダーシップ」（55.3％）が最も多く、一般職トラックでは、「コース別」と「女性のワークライフバランス」に役立つリーダーシップ（いずれも42.9％）を挙げている。これらは実際に職制の中で働いてみて生じた学習ニーズであるとも言えよう。

4．リーダーシップ開発における実務経験教員の役割

　では教員の側の意識はどうであろうか。調査で多くの学生が挙げたPBLなどの「ゼミ活動」「女性のキャリア形成とビジネス」「女性のための組織行

動論」を担当する実務経験教員4名にインタビューを行った[5]。

4人の経験は、航空会社（A）金融機関（B）、情報通信企業（C）、輸入販売（D）と異なっており、それぞれが持つリーダーシップへの考え方にも違いがみられた。

航空会社で深刻な経営破たんを経験した教員Aは、自身が考えるリーダーシップについて、「共感力とビジョンの共有と率先垂範」や「ホスピタリティマネジメントにおいては個々人のリーダーシップが重要」と述べており、リーダーが集団に対して取り組むべき変革のビジョンを示し、それをメンバー一人ひとりが理解して主体的に行動を起こしていく「変革型リーダーシップ」や「サーバント・リーダーシップ」との共通点が見られる。

グローバル金融市場の激しい競争の中にいた教員Bは、業績が時々刻々と数字で共有される世界では、権威や肩書で「上から高圧的にものを言い、恐怖で従わせるのはリーダーシップとは言わないと考え……部下が自発的にその人から学ぼうと興味を抱かせること」や「この人といると安心できるというのがリーダーシップ」と述べている。リーダーとして部下に何ができるか、できない場合はリーダーたりえないという考え方は交換・交流型に近い。教員Bはさらに、リーダーがリーダーたるには、「自分のためよりも他者のために高みを目指す時、人は大きな力を発揮する」とも述べており、ビジョンを持つリーダーは、その人を尊敬し支持するメンバーがいて初めて成立するというカリスマ型理論（変革型のひとつ）や「サーバント型」にも共感的である。

大手通信会社で新規事業の開拓を手掛け、その後家業のオーナーとして事業承継を経験した教員Cは、「市場開拓やマーケティングとは、人の嗜好や行動をある方向へ向けさせようとする、ある意味他者を操作しようとする企て。部下や顧客や社会を相手にした企てを行う以上、リーダーにはすべての結果を一身に受け止める気概が必要である」「プロジェクト学習において重視しているのは、失敗した時の振舞い方も含めた当事者意識」（傍点筆者）と述べ、リーダーに必要な資質や特性を重視する特性理論に近いが、同時に、市場創造のビジョンへ向かって集団で取り組むので「変革型にも共感する」

と述べている。

　また、7人の社員を抱え自ら輸入販売会社を経営、総務人事から営業までを20年近く社長として担当していた教員Dは、「リーダーになるかならないかは人によるが、リーダーシップは各自が持つべきもの」、また「リーダーは常にオプションBを考えておく」べきであり、「相手の立場になって具体的な想像力を使う」ことが肝要と語り、自身が経営者として集団の熱気の調整や全体俯瞰力を重視する「適応型リーダーシップ」の実践者であったことが想像できる。

　ゼミ活動やPBLのシラバス設計時に「リーダーシップの体得」を意識していたかについては、全員が、それを直接的な到達目標とするよりは、チームの「構成員としての在り方」（教員B）、「自発性」（教員A）や「当事者意識」（教員C）を伸ばすことを第一に考えると回答している。学生の成長として実感する成果は、「仲間とともに自主的にコミットする力がついた」（教員A）、「自主性・協調性の成長を感じる」（教員B）、「そういうことだったのかと学生が言いだす、学生の腑に落ちる瞬間がある」（教員C）「自らトラブル解決をする、後輩の育成や適切な分業を考えるなどのチームビルディングができるようになる」（教員D）と回答し、リーダーシップ的資質の体得は学習の結果に付随するものとして期待しているという。

　4人が異口同音に述べた指導のスタイルは、ゼミ活動やPBLが①チーム編成時に代表役を指名、序盤で機能しない場合は交代させることがある、②しかしその後は代表役とメンバーらの自主性に任せ、③活動や人間関係の停滞があっても全体俯瞰を続け、④タイミングをみて最低限の介入を行ったり、あえて自然消滅や失敗を容認し、振り返りを重視する形式をとっているというものであった。

　俯瞰と介入の兼ね合いについては「いろいろな人と仕事してきたので先は読める」（教員A）、「企業の思惑と学生の時間軸のズレは、経験上想定の範囲内」（教員D）と述べており、判断において自らの実務経験が寄与していることが分かる。同じことは企業との関係性にも見られ、PBLは「企業から、いつまでにこれをと言われて、それを受けるのではなく」、「学生の側から自

発的に提案・実施をさせ、それを企業が受け入れるかどうかを経験させるようにしている」(教員A)という。企業からのお仕着せプロジェクトを大学が部分的に担うだけでは、学生の自発性や当事者意識の開拓には結びつかないからである。しかし、まだ社会に出る前の学生とともに実際の業務を展開するには、企業側にそれなりの時間とコストの損失を容認してもらう必要があるが、教員Dが、「相手方の企業の中に(学生との協働に)熱意を持つキーパーソンがいるかどうかは長年のビジネス経験でわかる」「覚書を結ぶに至るまでは、じっくり様子をみる」「何度も打ち合わせを行う」と述べているように、ここでも実務経験で培った予測と交渉力が生かされていると思われる。

5. おわりに

　以上のことから、学生は、①学部時代のゼミ、学内PBL、ボランティア経験などによって「リーダーシップ」を体験できたと回答しており、②それらを通して統率力に関わる「決断力、実行力、影響力」「計画性、合理性、分析力」に加え、チームやステイクホルダーを尊重する「協調性、共感力、傾聴力」などのリーダーシップの要素を身につけることができたと自覚していた。これらの要素はガーズマラが「女神的」とみなした最近のリーダーシップの傾向と重なる一方で、そうしたリーダーシップを発揮できる人にはそれなりの資質があるという特性理論への支持も依然として大きいことが分かった。

　学生はリーダーシップ経験の涵養において、実務経験を持つ教員が組み立てた実在の企業とタイアップしたプロジェクトに加わり、現役社会人とともに実働して、職場で必要な基本的スキルを伝授されていたほか、自由記述からは、実務経験教員の指導による経験学習の成果が現在の職業生活に直結していると実感していることが窺える。

　一方、実務経験を持つ教員は、特性理論型のリーダーシップには総じて懐疑的で、ビジョンを示しチームビルディングを大切に考える変革型や適応型、

サーバント型に可能性を見ているようである。また、熱意ある企業人を巻き込む、企業と学生の目的のズレを認知する、あえて失敗を回避しないものの、必要なタイミングでは介入するなど、経験学習の節目で自らの経験と人脈を積極的に活用していることが分かった。

　今回実施した意識調査の回答からは、社会に出てからさらなるリーダーシップに関する具体的学習ニーズがあること、特性理論への支持が女性管理職への志向を抑制している可能性があることも示唆されたことから、その実践や検証に実務経験教員をさらに活用していくことも重要と思われる。

　注
1) 政府は、大学設置基準の教授資格で「専攻分野について、特に優れた知識及び経験を有し、教育研究上の能力があると認められる者」や専門職大学院において、実務的専門性を持つ「実務家教員」を活用する方針を示しているが、本稿で扱うのはこの定義ではない。本稿では「専任教員のうち、経歴として教職経験と同等もしくはそれよりも長いビジネス経験をもつ人」を指し、「実務経験教員」と表記する。
2) リーダーシップにおける boundary の議論は Dean Williams（2005）*Real Leadership: Helping People and Organizations Face Their Toughest Challenges*, Berrett-Koehler Publishers, SF に詳しい。
3) ガーズマらは人間の資質に性差があると主張しているのではない。人々が抱く資質の印象には男性的なもの、女性的なもの、いずれでもないもの、があるとの分類に立っている。
4) 例えば、日本経済新聞が行った「働く女性2000人調査」(https://www.nikkei.com/article/DGKKZO25796190X10C18A1TY5000/) や転職情報サービス会社キャリアインデックスの「有職者に向けた仕事に関する調査」(https://careerindex.jp/contents/column-report/ranking/711/) などがある。
5) 調査は半構造化インタビューとし、1名ずつ個別にそれぞれ1時間程度実施。調査期間は2018年8月1日から9日。20年以上の実務経験を持ちプロジェクト学習を取り入れている教員を調査協力者とし、性別は男女2名ずつであった。インタビューは了承を得て録音し、文字起こしを行った。また一部の調査協力者は事前の質問票に対しメモを提出したうえでインタビューに応じた。

引用文献（著者アルファベット順）

グロービス経営大学院編著（2014）『新版グロービス MBA リーダーシップ』ダイヤモンド社．

ジョン・ガーズマ、マイケル・ダントニオ 有賀裕子訳（2013）『＜女神的＞リーダーシップ』プレジデント社．

ハイフェッツ・ロナルド、マーティー・リンスキー 竹中平蔵訳（2007）『最前線のリーダーシップ：危機を乗り越える技術』ファーストプレス．

前田純弘、小森亜紀子、宮脇啓透（2016）「学士（経営学）課程教育における学習効果の測定」『昭和女子大学現代ビジネス研究所 2016 年度紀要』＜研究ノート＞

University of Cambridge Institute for Sustainable Leadership（2016），*Global Definitions of Leadership and Theories of Leadership Development: Literature Review, 5*

（https://www.britishcouncil.org/sites/default/files/final_leadership_literature_review.pdf 2018/07/10 アクセス）

第 8 章　女性リーダーの資質とその育成
——昭和女子大学・リーダーズアカデミーの実践と課題——

友野清文

1. はじめに

2012 年度に発足した本学の「リーダーズアカデミー」は、本年度（2018 年度）で 7 年目を迎える。各年度約 20 〜 40 名の学生が参加し、講師による講義とそれに基づく発表・討議、グループ毎のプロジェクト活動を軸とした活動を展開している。

本稿は、2017 年度までの活動の内容を確認した上で、参加者の学び、とりわけリーダーやリーダーシップについての認識の変化や深化を明らかにし、これまでの成果と今後の課題を提示することを目的とする。

2. 先行研究について

女性のリーダー育成に関する先行研究としては、井上（2014）、安斎（2017）大槻（2011）がある。また山口（2013）は女性リーダーの現状についての概観を行っている。

井上（2014; 19）は、「働く女性と男性の間にはその目指すべき人材像に大きな差があり、いわゆる伝統的な役割が企業の中で残って」おり、「組織の中における女性と男性の役割に大きな差がある」とした上で、大妻女子大学の学生は「参謀型人材」を志向すると指摘している。「参謀型人材」は「リーダー型人材」「エキスパート型人材」「実務家型人材」と並ぶ人材像の一つであって、「リーダーの正しい意思決定のために、戦略的洞察や心理的エネルギーを提供するとともに、リーダーの意思決定に基づいてメンバーをコミッ

トさせ、彼らの能力や適性を最大限引き出す仕組みを作る」存在である。

また安斎（2017: 80-87）は女子大学での「未来人材育成モデル」を提示している。自らの担当科目であるコミュニケーション教育、リーダーシップ教育、キャリア教育、ビジネス教育、社会デザイン教育、そしてゼミナール教育の事例を紹介し、「能力・スキル」「視野・ビジョン」「経験・タスク」の枠での人材育成モデルを構想している。

大槻（2011:26）は企業に求められる女性人材として、「多様な価値観の中で、きちんと自己主張ができ、したたかに自分の意を通し、組織に新しい価値観をもたらす可能性のある人材」「決まった枠組みをきちんとこなすだけでなく、自分なりにプラス・アルファーを付け加え、主体的に働くことができる人材」「どんな状況でも乗り越えていけるような人材、チャレンジ精神、起業家精神を持った人材」と述べている。同時に課題としては「精神的に弱い傾向があること」「自分からやろうとする意識が薄いこと」「良い意味での競争意識を持っておらず協調性ばかりを重視すること」を挙げている。

さらに戸谷・渡辺（2015）は米国の代表的女子大学5校でのリーダーシップ養成プログラムを紹介している。そして、前田・小森・宮脇（2016: 6）は、本学のボストン留学プログラムについて、多様な学年や学科の学生集団が、リーダーシップ養成に有効であることを明らかにした。

他方でリーダーシップの類型としては、K. レヴィンの「専制型」「民主型」「放任型」の3類型や、D. ゴールマンの「ビジョンリーダーシップ」「コーチングリーダーシップ」「民主的リーダーシップ」「仲良しリーダーシップ」「実力リーダーシップ」「指示命令リーダーシップ」の6類型が広く知られているが、ここではR. グリーンリーフの「サーバント・リーダシップ（奉仕するリーダー像）」を取り上げる。グリーンリーフは『Servant Leadership』（Greenleaf 2002: 27-28）で次のように述べている。

「奉仕するリーダーは第一に奉仕者である。……奉仕したい、先ず奉仕したいという自然の感情から始まり、次に意識的な選択により導きたいという思いが現れる。」

「生まれつきの奉仕者、第一に奉仕者である人は粘り強く取り組み、他者

第 8 章　女性リーダーの資質とその育成

の主要な要求を満たすものは何かを常に考える。それに対して第一に指導者である人は、先ず導き、その後で意識的に、あるいは自らに期待される規範に従って奉仕する。」

　以上のような多様なリーダー像が提示されているが、これらを念頭に置きながら、リーダーズアカデミーの活動を検討する。

3.　リーダーズアカデミーの活動と運営の概要

　「リーダーズアカデミー（Leaders Academy in Showa）　以下リーダーズ」は、2012 年度から坂東眞理子学長（当時）が企画・開講したものである[1]。

　リーダーズの活動は単年度ごとで行われる。事務局は学長室に置かれ、事務担当者と教員が全体的な運営を行う。最初は一般公募で参加者を募集したが、その後学科推薦によって選定されるようになっている。各年度初め（5 月上旬）の開講の時点でグループが決められ、各グループにサポートがつく。

　基本的な流れは当初（2012 年度〜2014 年度）、7 人の講師の講義とそれを受けての発表・討議であった。グループのサポートは講師や各講義担当の教員があたった。講義と発表・討議を 7 回（14 週）行い、12 月にグループの報告が行われた。

　2014 年度から全体のテーマとして「女性は世界を変える」が掲げられ、10 月に中間発表会が行われるようになった。また本学の現代ビジネス研究所（2013 年開所）の研究員が各グループのファシリテーターとしてサポートを始めた。

　2015 年度に大きな変更が行われた。すなわち従来の各講師による講義とグループでの発表・討議に加えて、「女性は世界を変える」というテーマを実現する「プロジェクト活動」が新しい柱とされたのである。講師の数を 3 名〜5 名にして、講義を減らし、それに代わってプロジェクト活動を組み入れた。プロジェクト活動では、各グループで内容や活動計画を決定する。実際に活動が始まるのは夏季休業前である。10 月に中間報告を行い、1 月に最終報告を各々行う（2016 年度は 11 月第 2 週の学園祭においても発表を行った）。

表 8-1　各年度の参加人数・グループ・プロジェクト活動のテーマ

年度	人数	テーマ	年度	人数	テーマ
2012	21	A（タイトルなし） B（タイトルなし） C（タイトルなし） D 日本の未来と起業家精神／女性の可能性を開く	2015	31	A かわいい雑貨で国際協力 B 広げよう人と人とのユニバーサルデザイン C トイレから世界を変える D 古着は世界を変える E フードバンクで子供の貧困を救う
2013	47	A 縦のつながりを作るボランティアプログラム B ソフィア革命 C グローバルラウンジ改革計画 D 授業改革プロジェクト E 計画性 UP のアイディア F 我が母校、昭和女子大学 G 情報の発信と学生同士の交流	2016	29	A Women can Change the World B 高齢者に健康で生き生きした生活を送っていただくきっかけづくり C 起きうる地震に対する意識改革 D 群馬県の地域活性化
2014	25	A Student's Planning B 世界を変える ～女性として母として～ C "和"から"輪"へプロジェクト D 高齢者の孤立への取組み	2017	34 (Gap Year 留学生2名を含む)	A 女子大生の意識改革によって世界を変える　Level-up Women Project B 自分らしく生きる ～輝く未来へ!!　新しい働き方～ C 女性による女性のための地域活性化（神奈川県秦野市） D Kimono "Wa" Fashion ～ Feel Japan , Feel Slow Fashion ～

その後各自の「修了レポート」提出をもって1年間の活動が終わることになる。

活動は原則として毎週水曜日5講時（16時30分～18時）で、8号館の教室をメイン会場として行われる。週1回では時間が十分でないため、多くの場合、自主的に昼休みや夏季休業中にも活動を行っている。また2016年度から活動費としてグループ当たり20,000円が支給されるようになった。

各年度の参加人数・グループのプロジェクト活動のテーマは表8-1の通りである。なお2018年度には全体テーマが「女性は未来を創る」となった。

4．グループ・プロジェクト活動の事例

本項では、グループ・プロジェクト活動の具体的な事例紹介する。「　」内の文章は、参加者の言葉に対して行ったアンケート調査[2]の結果からであり、その内容を参加学生への聞き取りで補った。

1）2016 年度　B グループ

テーマ：高齢者に健康で生き生きした生活を送っていただくきっかけづくり

このグループに2年生で参加した学生は、次のように述べている。

「高齢化が進む日本において、平均寿命と健康寿命が乖離していることや女性の高齢者割合が高いことなどのデータを収集し、高齢者に健康的で生き生きとした生活を送っていただくきっかけづくりがしたいとグループの皆で話し合いました。その結果、メイクセラピーという活動をすることに決定しました。学内においては、NPO 法人の方と連絡を取り実際にメイクセラピーの仕方をご指導いただくところから、文化祭での活動発表・ハンドマッサージ、メイクセラピー講座の開催（学生のみ）、美容ハンドブックの作成などを行いました。学外活動としては、様々な介護施設に赴きメイクセラピーをする（学生のみ）などしました。」

2）2017 年度　A グループ

テーマ：女子大生の意識改革によって世界を変える
　　　　Level-up Women Project

このグループは、「学生が将来、社会で輝くことを目的とした、自己成長プログラムの提案」を目的として、実際の授業科目（一般教養）の内容を構想した。そのために、他大学（早稲田大学・立教大学・共立女子大学）での実践に学び、同時に企業が求める人物像（資質能力）についてのアンケートを24 社に対して行った。それに基づいて、「Ⅰ．社会人に必要な能力を身につける」「Ⅱ．なりたい自分に近づく」「Ⅲ．リーダーに必要な能力を身につける」の段階を設定し、各段階を1科目とする授業プランを提示した[3]。

3）2017 年度　B グループ

テーマ：自分らしく生きる～輝く未来へ！！　新しい働き方～

このグループで2年生の時に活動をした学生は以下のように述べている。

「私たちのグループは『働き方改革』をテーマに、学生と社会人が交流できるワークショップを学内で開催した。きっかけは、『女性は世界を変える』

というリーダーズアカデミー全体のテーマに基づいて活動内容を検討した際に、『女性が世界を変えるのであれば、女性自身が自分らしく輝いている必要がある』と気づいたことである。しかし『女性が輝く』という言葉には多様な意味が含まれており、何をどうすれば女性として生き生きできるのかというイメージを持ちにくい。そこで私たちが注目したのは、これから就職を迎える本学学生および社会人である。就職前の学生から『仕事と子育ての両立ができるか不安』という声をよく耳にするが、このような些細な疑問などを社会人の方の経験を踏まえ解決に導くことを枠組みとして設定した。

　しかしこれでは本学が開催している社会人メンター制度と類似した形式になってしまうことに私たちは気づいた。学生の関心を引き出すために何を取り入れるか考えた結果、働き方改革を推進しているGoogleの方に講演をしていただくことになった。

　なぜ今働き方改革が必要とされているのか、働き方改革のメリット・デメリットは何かなど、社会の現状を踏まえた上でこれからの働き方に関して参加者の方々に議論していただいた。このことで実際の取り組みを知りながら今後のあり方を考えることにつながったのではないかと感じている。」

　以上3つのグループの活動内容を学生の声等により見たが、最初にグループが決められるため、様々な学科の学生の間で一つテーマを決めること自体が大きな課題であった。その上で、具体的な活動の分担を行い、必要があれば外部（企業やNPOなど）との交渉も進めていった。その過程では、迷いや失敗もあったが、学生はこのようなプロジェクト型学習の中で、課題と目標設定・実践・成果と問題の確認のプロセスを経ることで、主体的・協働的に学ぶことができたと言える。その学びの一つは、テーマの内容に関わるものである。個別の問題を追及する中で社会全体の課題が見えてくることが実感でき、自らの専攻領域についての理解が深まった。もう一つは自分自身についてと他者との関わりについて、さらにはリーダーの在り方についての学びである。次項ではこれについて検討する。

5. 学生の学び ——修了レポートの分析——

本項では2017年度の修了レポートから参加者の学びについて検討する。レポートの記述から得られる内容を整理すると以下のようになる（本項での「 」内は修了レポートからの引用である）。

(1) 自己に関する気づき

何よりも参加者が指摘するのは、自分自身についての発見と再発見である。「チームでの自分の役割を確認することができ、自分に今までになかった自信や勇気をもつことができました」「グループワークにおける自分の役割、または自分が持つ色に気づけた」「自分はさほど人と喋ることが苦手だったわけではないのだと気づきました」といった記述に見られるように、自分の能力や資質の（再）発見、そして自信が得られる場となったことが分かる。また「普段は同じ学科の友人と同じ授業を受けて、自分と似た性格の集団の中にいるため、驚きや新発見、価値観の違いを強く感じることは少なかったように思います。しかし、他学科の学生と話し合いをすると、当たり前のように英語が飛び交っていたり、私では思い浮かばない発想を持っていたりと感心することが多かったです。その反面、私が大学で学んだ知識が他学科の学生にとっては新発見であるということも感じました」というように、自分の日常的な学びや知識を客観視できる場でもあった。

(2) 集団の中での自己

これと密接に関連するのが、集団の中での自己の役割や特質の発見である。役割意識・責任感・積極性・勇気・主体性などという言葉で表現されている。「チーム活動を進めていく上で自分の役割や立ち位置を冷静に分析する機会が増え、自分の特性を踏まえ、どのように振る舞うべきかを理解することができたのは大きい進歩だと感じます」「チームの中で担うべき役割を気づかせてくれたのはチームメートでした。自分で自分のことはよくわからないけ

れど、自分のことを教えてくれるのは周りにいる他者であることを改めて実感しました。自分にとっての他者や他者にとっての自分の存在の重要さを感じるようになりました」。

(3) 他者との関わり

第三には他者との関わりの中での学びである。一つは「学んだことは、自分と他者との価値観の違いと、その相違の重要性だと考える」と述べられているように、異なる価値観や意見の相違を認めることの重要性である。もう一つはそれを踏まえた協力・チームワークの必要性と大切さである。以下のような記述が代表的である。「私自身様々な試練があり、考えるのが嫌になるくらい正面から向き合い、チームメートと協力して乗り越えてきたからこそ見えてくるものがありました」「授業では得ることのできない、強烈なチームワークを体験する中で、リーダーシップとはチーム内のメンバー一人ひとりが持つものであるということを学んだ」。

(4) コミュニケーションの重要性

これと関連した内容として、話し合いや意見交換、情報共有の必要性がある。「テーマが決まりプロジェクト活動を進めていくうえで、情報共有の大切さを学んだ」「様々な背景を持った学生とのプロジェクト活動を通して、コミュニケーション能力を高めることができました。相手の状況に配慮し、丁寧な声かけや説明が出来るようになりました」「自分の意見に説得性や根拠があることです。わたしは今まで自分の意見を述べる際に説得性や根拠を意識することがありませんでした。しかし議論を仲間と進めていくにあたって自分の意見には必ず理由を求められるようになりました。初めは自分の意見と理由に関連性がなく、慣れませんでしたが、1年間意識してきたことで理由を加えて意見を述べることに抵抗はなくなりました」。

(5) 外部とのプロジェクトの意義と困難さ

プロジェクト活動の多くは、大学外の企業や自治体などとの連携により進

第 8 章　女性リーダーの資質とその育成

められてきたが、その企画・実行の大変さ、協力を得ることの困難さを痛感することになった。「地域活性化を目指すにあたって○○市の商店街から変えていこうと活動内容を変更したが、最初に協力をお願いしていた駅前商店街の方に協力は難しいとお断りされてしまった」「様々な企業にアポイントを取り、交渉し、結果最後までビジネスを形にすることはできなかったが、自分たちのやりたいことを伝える難しさやビジネスを形にすることの難しさを学ぶことができた」。

また「企業にアポイントを取るにあたっては、メールを見てもらえるように送る曜日や時間に気をつけることや、はい・いいえの選択肢を先方に与えるのではなく、いいえの要素を排除した内容を送るなどの手法を学ぶことができた」とあるように、対外的な交渉の技能の習得の面でも有効であった。

(6) リーダーのあり方

最後にリーダーのあり方についても新たな発見があった。「私が考える"いいリーダー"とは、仕事ができる人ではなく、メンバー一人一人の個性や長所を見つけ出し、それを活かすことができる仕事を上手に分担することができる人だと思う。リーダー一人だけが何かをしていてはだめで、チーム全体で作り上げていく必要性がある」「リーダーという役割の重要性だ。私はプロジェクト活動において初めて"リーダー"になった。これまでは責任を負うことや目立つことが嫌だと逃げていたが、いよいよ来年に迫った就職活動のために自分を強くしようと考え立候補した。学科のプロジェクト等との両立が難しく、メンバーに頼ってしまいがちであったが、独りよがりになるのではなく、共有して皆で成し遂げていくことが重要だと感じた。途中、活動が停滞した際にはリーダー自らが率先して活動することで全体の士気が上がると気付き、より一層活動に身が入った。コミュニケーションが得意な人、文章を書くことが得意な人、手先が器用な人、サポートが得意な人など、皆それぞれが輝く部分をもっていて、役割分担を行うことでその力を最大限に発揮できたことがよかった」「私たちのチームでは、チームリーダーがこの『一人一人がリーダーである』ということを呼び掛けてくださっていたため、よ

り責任感が維持できたのだと思う。この意識のおかげで一つ一つに緊張感と責任をもって取り組むことができた」。

以上のように、リーダーにも様々なタイプのあることを学び、自らの適性に合ったリーダー像を求める契機となったのである。

6. 結び ——リーダーズの成果と課題——

以上のようにリーダーズは、参加学生にとって大きな成果が得られる場となっている。多様な仲間と共通の目標に向けて協働することで自己理解が深まり、大学の内外の「異質な他者」との出会いを通して、社会を知る助けになる。冒頭でいくつかのリーダー像に触れたが、これを実際に身につけていくためには何よりも実践が必要である。参加した学生はこれらの中から自らに合ったリーダー像を選び、獲得することができるであろう。

課題としては、この活動と成果が学内に十分に共有されていないこと、単年毎の活動で継続性が十分でないこと、また参加者の負担がかなり重いこと、さらにはここでの学修が単位などで評価されないことが挙げられよう（評価しないことに積極的意味があるとも言えるのであるが）。

リーダーズは本学の今後進むべき一つの方向性を示している。今後とも、参加する学生だけでなく、すべての学生と教職員にとって一層有益な取り組みとなるよう、さらに検討を進めていきたい。

末尾になったが、本稿の執筆にあたり、事務局である学長室の担当者には資料提供やアンケート実施などで大変お世話になった。またリーダーズを受講した学生・卒業生、指導にあたられた教職員にも様々な形でご教示を得た。いちいちお名前を挙げることはできないが、お世話になったすべての方に心からお礼を申し上げる。

注
1) リーダーズのブログ（2013年1月8日）では以下のように紹介されている。「リーダーズアカデミー（Leaders Academy in Showa）」は、学長が主催する昭和女子大学学生のリーダー養成講座です。21世紀を生きる女性に必要な見識・

リーダーシップを養うことを目的に、歴史、経営、政治・経済、社会、環境、起業など具体的なテーマについて、各界で活躍する著名人による講義を聴講し、時間外を活用してグループ毎に適宜討議を行い、翌週に討議結果を発表するというプログラムとなっています。」
(https://content.swu.ac.jp/las-blog/2013/01/08/leaders-academy 2018年2月2日参照)
2) アンケートは2018年2月下旬〜3月上旬に学生ポータルサイト（UP SHOWA）の掲示により行った。得られた回答は7件であった。
3) 現時点（2018年12月）においては未定であるが、本学の一般教養科目として実際に開講することが検討されている。

引用文献（著者アルファベット順）
安斎　徹（2017）「女子大学における人材育成の取組み『未来人材育成モデル』構築の試み」国立女性教育会館『NWEC実践研究　7』77-96.
Greenleaf, Robert K.（2002）　*Servant Leadership: A Journey into the Nature of Legitimate Power and Greatness　Anniversary Edition* Paulist Press New Jersey.
井上俊也（2014）「女子大学のキャリア教育における参謀型人材の育成　女子大学のキャリア教育における参謀型人材の育成」大妻女子大学キャリア教育センター『人間生活文化研究』No.24　1-21.
前田純弘・小森亜紀子・宮脇啓透（2016）「学士（経営学）課程教育における学習効果の測定──集団留学等が学生の能力に与える影響についての考察」『昭和女子大学現代ビジネス研究所2015年度紀要』1-15.
大槻奈巳（2011）「いまどんな女性人材が求められているのか」国立女性教育会館『NWEC実践研究』1　20-35.
戸谷陽子・渡辺紀子（2015）「米国トップレベル女子大学におけるリーダーシップ育成プログラム調査報告」お茶の水女子大学グローバル教育センター『高等教育と学生支援2015年　第6号　調査・実践報告』26-37.
山口裕司（2013）「女性リーダーの現状と展望」大阪大学『国際公共政策研究』18（1）15-26.

第9章　フランス社会の指導的立場への女性の進出
——エリート教育を受ける女性の増加——

吉川佳英子

1. はじめに

　フランスの高等教育は、中世以来の「大学」と、18世紀以降に設立された「グランゼコール」と呼ばれる教育機関との主に2種類により成る。グランゼコール出身者は「管理職：cadre」（以下カードル）と呼ばれるフランス社会のエリート層の大部分を占め、企業や社会の管理、監督の重要な役割を果たす。

　カードルとはフランス語で「枠組み」を意味し、主として高学歴者によるエリートの職業集団を指す。カードルの言葉が用いられたのは1870年代の軍隊と言われている。現代のように、社会階層に使われ始めたのは1930年代である。カードルは労働時間や最低賃金、健康保険などにおいて、カードル以外の労働者よりも優遇されている。カードルの就業者全体に占める割合は約17.5%である。

　近年グランゼコールに進学する女性の数が増えているが、職業キャリアの分野において、エリート教育を受けた女性たちは社会の指導的地位に就いているだろうか。管理的職業従事者に占める女性の比率は高まっているだろうか。エリート教育への女性の進出ぶりと、カードルに占める女性の割合の変化を検討しよう。

　エリート教育を受ける女性の増加や女性管理職の増加は最近の傾向であるため、この分野の先行研究は必ずしも多くない。本稿では近年のフランス社会の動き（パリテ法制定等）を視野に収めつつ、エリート教育と女性のキャリアに注目したい。フランスの教育システムを概観するところから始めよう。

2. フランスにおけるエリート教育

(1) フランスの学校教育

 フランスの学校は小学校5年間、コレージュ4年間、リセ3年間より成り、小学校入学の6歳からリセ1年目の16歳までを義務教育としている。その後、日本の大学入試センター試験（〜2020）に近い「バカロレア」を経て大学等に進む。

 バカロレア（baccalauréat）は通称バック（BAC）と呼ばれ、フランス高等教育機関に入学するための資格及びその国家試験のことである。1808年にナポレオン1世によって導入された。2016年には約70万人が受験し、合格率は87.9％である。

 バカロレア取得後、さらに高等教育を受ける場合、大学入学とグランゼコールに入ることの主に2通りの選択がある。大学と大学院は理論的な教育を重視し、グランゼコールは実践的な教育を特色としている[1]。

 グランゼコールにはバカロレア取得後、1年から2年の準備学級（CPGE）を終え、厳しい入学試験（コンクール）を受けて合格した者が入学する。グランゼコールはフランス独自のもので、パリと地方に約250校存在する。グランゼコールの多くは国民教育省に属するが、国防省に属するものもある。事務職員も教員も国が指名し、給料を支払うシステムである。科学、経済、社会、政治、行政、軍事、文化、芸術などあらゆる活動を支え、卒業生にはエンジニアや上級管理職のポストが保証される。

(2) フランスの高等教育の進学先

 高等教育機関への進学先には大学やグランゼコール以外にも技術系の短期大学などがあるが、それらへの学生の進学率はどのようなものだろうか。

 表9-1のように高等教育機関進学者の大部分は大学に進学する。グランゼコール進学者は、通常、グランゼコール準備級を経てグランゼコールに入学

第9章 フランス社会の指導的立場への女性の進出

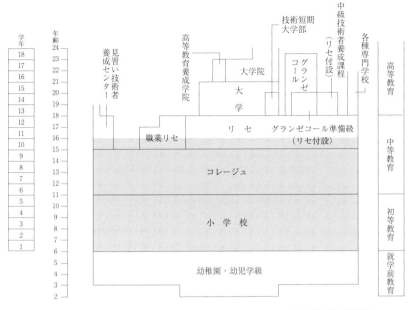

図 9-1 フランスの学校系統図
出典：文部科学省「諸外国の教育統計」(2017)。

表 9-1 フランスの高等教育の進学先 (2014年度)

	（人）	（％）
大学	1,414,882	57.0
IUT (Institut universitaire de technologie, 技術短期大学)	116,397	4.7
中級技術者養成課程	255,216	10.3
CPGE グランゼコール準備級	84,151	3.4
グランゼコール	427,700	17.2
各種専門学校	182,600	7.4
計	2,480,946	100.0

出典：文部科学省「諸外国の教育統計」(2017)。

するが、それでも進学者数全体の1割余りである。

(3) フランス高等教育における男女別比率

ここでバカロレアを経て大学やグランゼコールなどの高等教育に進学した人を男女別に見てみよう。表9-2は、バカロレアに合格した人を男女それぞ

179

表9-2　1992年-1993年、2012年-2013年における
　　　　フランス高等教育の男女就学率

年齢（歳）	1992年-1993年		2012年-2013年	
	男（％）	女（％）	男（％）	女（％）
18	17	26	32	41
19	28	38	42	51
20	32	41	40	49
21	28	34	34	43
22	22	25	30	35
23	15	17	22	26
24	9	12	15	18
25	7	8	10	12
26	5	5	7	8

出典：Repères et références statistiques 2017 より作成。

れ100とみて、そのうち高等教育に進学した人の男女別の比率である。

　高等教育における女性の就学は男性のそれをはるかに上回る。1992年-1993年、2012年-2013年における18歳から25歳の女性の高等教育における就学率は、年齢にかかわらず男性の就学率より高い。男性の就学率と女性の就学率がほぼ同じになるのは、1992年-1993年においては25歳の時点、2012年-2013年において26歳の時点である。

　2012年-2013年においては20歳の女性の49％が高等教育に在籍しており、男性の40％を9ポイント上回っている。2012年-2013年の18歳から21歳における女性と男性の就学率の差は、つねにこの9ポイント差を維持して推移し女性の就学は男性の就学をコンスタントに上回っていることがわかる。

　1990年代からの女性の高等教育機関への進学率の大幅な伸びは1985年に国民教育大臣J.P.シュベーヌマンによる教育政策により[2]、高等教育への全体的な進学率上昇の機運のなかで生じたものである。

(4) フランス高等教育の学問領域別女性の割合

　それでは、高等教育機関の一つである大学で女性はどの学問領域を選んでいるのか。2000年-2001年と2016年-2017年のデータを比べてみよう。

　いずれも文学・言語学を学ぶ女子学生が7割あまりと多く、法学・政治学

表9-3 2000年-2001年、2016年-2017年におけるフランス高等教育の様々な学問領域の女性の割合

大学の学問領域	2000年-2001年		2016年-2017年	
	全体の人数（人）	女性の割合（％）	全体の人数（人）	女性の割合（％）
法学・政治学	32,746	66.1	36,971	66.6
文学・言語学	23,307	74.5	17,103	71.4
科学（基礎・応用等）	28,539	31.4	24,566	28.7

出典：Repères et références statistiques 2001, Repères et références statistiques 2017 より作成。

表9-4 2016年-2017年における学部および大学院の女性の割合

	全体の人数（人）	女性の割合（％）
学士課程	994,151	56.0
修士課程	571,072	59.1
博士課程	58,299	48.2

出典：Repères et références statistiques 2017 より作成。

－科学（基礎・応用等）へと続くが、科学はいずれの年度においても3割程度で少ない。法学・政治学を学ぶ女性の割合は、2000年-2001年と2016年-2017年でほとんど変化はない。

大学での学士取得後、大学院に進む女性の割合はどのようになっているだろうか。

大学院の修士課程では女性が多数派で（59.1％）大学院の博士課程では少数派（48.2％）となる。大学院における学問領域別での女性の割合は、先の大学における学問領域別の女性の割合の結果に準ずるもので、文系に進む女性の割合が高くなっている。

（5）領域・男女別グランゼコール準備級（CPGE）の学生数と男女の割合

グランゼコール入学までのグランゼコール準備級[3]にしぼり、女性の専門分野の選択がどうなっているか見てみよう。以下は2014年と2017年の学生数と女性の割合である。

グランゼコール準備級は大きく科学、経済、文学の分野に分けられるが、文学の分野の女性の割合がきわめて高く、科学の分野における女性の割合が低い。これは、2014年、2017年ともに同じ傾向である。この傾向は先の大

表 9-5 2014 年、2017 年における領域・男女別グランゼコール準備級（CPGE）の学生数と女性の割合

	2014 年		2017 年	
	全体の人数（人）	女性（%）	全体の人数（人）	女性（%）
CPGE 科学	49,728	29.3	52,194	29.9
CPGE 経済	19,442	54.9	19,909	55.9
CPGE 文学	12,444	74.1	12,473	75.0

出典：Repères et références statistiques 2014, Repères et références statistiques 2017 より作成。

学における学問領域選択の傾向と似通っているが、就職先における需要と関連があると思われる。しかし、グランゼコールのなかでも難関と言われる理系（科学）のエンジニア校への女性入学者が近年、増えつつあり、今後は製造業などの職場でも女性の採用が進む可能性があり、グランゼコール準備級における文系、理系（科学）の女性の割合にも変化が見られる可能性が高い。

(6) エンジニア校の学生数と女性比率

大半が国立であるフランスの大学と違い、グランゼコールにおいては、文部省監督下の公立校や、文部省以外の省庁監督下または地方自治体監督下の公立校、あるいは私立校等さまざまである。それぞれについて、2000 年 -2001 年の学生数ならびに女性比率、2016 年 -2017 年の学生数ならびに女性比率を比較してみよう。

2000 年 -2001 年のエンジニア校に籍をおく全女性数は , 20,577 人でその比率は 23.0％であるのに対して、2016 年 -2017 年のエンジニア校に籍をおく全女性数は 39,264 人でその比率は全体の 28.0％である。女性のエンジニア校進学者は堅調な伸びを見せている。

内訳を見てみると、2000 年 -2001 年の文部省監督下の公立校の女性比率は 22.9％であり、2016 年 -2017 年の女性比率は 27.6％で、この間の女性比率の伸びは 4.7％である。一方、両年における私立校の女性比率の伸びは 6.4％（それぞれ 19.6％と 26.0％）であり、比較するなら私立校の女性比率の伸びが公立校の伸びを上回っている。

文部省以外の省庁監督下または地方自治体監督下の公立校のグループは、

表9-6 エンジニア校の学生数と女性比率

	2000年-2001年		2016年-2017年	
	学生数（人）	女性比率（%）	学生数（人）	女性比率（%）
文部省監督下の公立校	52,537 うち女性12,007	22.9	77,700 うち女性21,484	27.6
そのうち大学内設置校	30,795	25.5	31,423	29.3
大学外設置校	21,742	19.2	46,277	26.5
文部省以外の省庁監督下又は地方自治体監督下の公立校	14,670 うち女性4,241	28.9	21,022 うち女性7,048	33.5
そのうち農水省管轄校	4,010	57.4	4,892	66.0
国防省管轄校	3,803	13.6	4,885	17.3
工業省管轄校	3,201	22.4	4,657	26.7
厚生省管轄校	-	-	592	9.8
郵政省管轄校	1,760	14.8	2,169	20.9
施設，運輸，住宅省管轄校	1,509	23.0	2,138	30.0
財務省管轄校			947	32.1
パリ支庁管轄校	379	25.6	742	36.9
私立校	22,106 うち女性4,329	19.6	41,275 うち女性10,731	26.0
エンジニア校　計	89,313 うち女性20,577	23.0	139,99 うち女性39,264	28.0

出典：Repères et références statistiques 2001, Repères et références statistiques 2017 より作成。

エンジニア校の中でも入学がひときわ難しい名門校が集中しているのだが、2016年-2017年には女性比率が33.5％を占めることを考えれば、女性のこの分野への進学はめざましいと言える。

近年の女性のエンジニア校進学のめざましい伸びの背景にあるのは、エンジニアをはじめとする諸企業の女性の採用傾向が挙げられる。特に高学歴の女性を積極的に採用しようとしている。新規採用の時点でカードルになる女性の割合が製造業や情報通信業で高い。

それでは、このような高等教育を受けた女性たちはどのように社会に進出しているのだろうか。現在の女性の活躍の実態を探ってみよう。

3. フランス社会の指導的立場へ

(1) 社会職業階層別分布における男女比

フランスでのカードルの内訳分類に従って、2014年の男女比を比較してみよう。表9-7は国立統計経済研究所（INSEE[4]）社会職業分類（PCS）に基づいている。PCSは就業者を自営業者と雇用者に分類したうえで、雇用者を大きく「カードル及び高度知的職業」「中間的職業」「事務員」「工員」に分類し、さらに「カードル及び高度知的職業」を自由業（医師や弁護士など）、公務員のカードル、教授・研究職、ジャーナリスト・芸術家・芸能関連職業、企業の管理・営業系カードル、エンジニア・技術系カードルに細分類している。

カードル全体を100とすると、2014年における女性の人数の上位は①企業の管理・営業系カードル、②教授・研究職、③エンジニア・技術系カードルの順であり、女性比率の上位は①教授・研究職、②企業の管理・営業系カードル、③公務員のカードルの順である。自由業（医師や弁護士など）における女性比率（43.4％）が比較的高く、人数の割にはエンジニア・技術系カードルにおける女性比率（20.7％）は低い。

(2) 領域別管理職の女性の割合

次に企業を中心とした領域別による管理職女性の割合（表9-8）を見てみよう。

まず金融業における管理職の女性の割合が2006年、2014年ともに高いことがわかる。次いでサービス業や商業が、いずれの年の調査においても高い。フランスでは就職先が出身高等教育機関と連係している場合が多く、職域は学業の専門の方向性が反映される。すなわち経済系のグランゼコール出身者は、サービス業や商業、金融業などに就くことが多いため、この領域の女性の割合が高くなっている。それに対してエンジニアや運輸・物流業に従事す

表9-7 社会職業階層別分布の男女比（2014年）

	男性数（千人）	女性数（千人）	女性比率（％）
農業経営者	358	142	28.4
職人・商人・企業主	1,199	487	28.9
カードル及び高度知的職業	2,667	1,794	40.2
――自由業	256	196	43.4
――公務員のカードル	243	214	46.8
――教授・研究職	348	434	55.5
――ジャーナリスト・芸術家・芸能関連職業	170	111	39.6
――企業の管理・営業系カードル	653	579	47.0
――エンジニア・技術系カードル	997	260	20.7
中間的職業	3,286	3,450	51.2
事務員	1,749	5,758	76.7
工員	4,374	1,036	19.2
その他	43	35	44.7
就業者総数	13,676	12,702	48.2

出典：INSEE, Enquête emploi en continu 2014、三谷・脇坂（2016：38）より作成。

表9-8 2006年、2014年における領域別管理職の女性の割合 （％）

年 領域別	2006年 割合（％）	2014年 割合（％）
運輸・物流業	11	17
エンジニア等	14	19
商業	24	30
サービス業	38	43
金融業	42	48

出典：INSEE, Recensements de la population 2006 et 2014 より作成。

る管理職は、エリート校であるエンジニア校等に進む女性の数がこれまで少なかったため、この領域の管理職の女性割合は少ない。ただ、どの領域においても管理職に従事する女性の割合は順調に伸びてきている。

表9-6の2016年－2017年のデータで、「文部省以外の省庁監督下または地方自治体監督下の公立校そのうち施設、運輸、住宅省管轄校」に在籍する女性比率が30.0％であることなどを鑑みると、今後、彼女たちが学業を終えて社会で活躍する頃には、エンジニアや運輸・物流業における管理職の女性比率なども高まっていく可能性が高い。

(3) 若い世代の女性管理職の割合

カードルには学校卒業後直ちにカードルとして採用される人と、ある程度経験を積んだ後にカードルに昇進する人の2タイプがある。前者はグランゼ

表9-9 2001年、2013年における就職3年目の若い世代の女性管理職の割合

アンケート実施（年）	アンケート実施人数（人）	男性管理職（人）	女性管理職（人）	女性管理職の割合（％）
2001年	54,200	10,139	7,046	41.0
2013年	32,100	6,576	6,420	49.4

出典：Femmes et hommes, l'égalité en question 2017-INSEE, Références より作成。

コールの卒業者ないしは大学院修了者であり、後者は大卒や高卒以下で、カードルより低い職位で入社した者である。

表9-9は学校卒業と同時にカードル（カードル候補者）として採用される人のうちで、特に女性の割合に注目している。

カードル（カードル候補者）として採用されたかどうかのアンケートが実施されたのは、2001年、2013年だが、それぞれ1998年、2010年に就職した就職3年目の若い世代を対象としている[5]。2001年には女性管理職の割合が41.0％だったが、2013年には49.4％となり、ほぼ50％に近付いている。2000年前後から、自動車や鉄鋼など製造業大手で女性カードルの採用が急増しているが、2013年には目標の50％にかなり近づいたと言える。この傾向は今後さらに増えていくだろう。

それでは増えつつある女性カードルの実力について、企業側の評価はどのようなものだろうか。フランス経済学が専門の葉山（2008：160-161）は、フランス鉄鋼メーカーの人事部長（男性）への聞き取り調査の結果を以下のように報告している。

　カードルの管理を担当するこの人事部長は、同一学歴のエンジニアであるならば、女性の採用応募者のほうが男性より質が高いことを強調している。［…］女性がエンジニア校にたどりつくには、きわめてよく考え抜かれたプロジェクトを通じてであり、男性よりはるかにたしかな意欲と決意を持ち、自分が人生で成し遂げたいことをはるかによく知り、意識しているという。

　これに比べて男性の採用応募者は、一般に頭がよく努力家でもあるのだが、システムに運ばれてエリート校まで進んだ者が多く、職業的人生でのプロジェクトが明白でない者が多いというのである。

そもそも女性はグランゼコールに行く時点、もしくはエンジニア校を選ぶ時点で、進路について、おそらく男性以上によく考えている可能性が高い。まだ前例が多くないなか、進路選択は慎重であり、進路に対する意識も高いと考えられる。その結果、企業側の高い評価につながっている。

さて、これまで見てきたような「増えつつある女性のグランゼコール（特にエンジニア校）進学者」「増えつつある女性のカードルたち」は、どのような社会的背景のもとに生じてきたのだろうか。

(4) パリテ法

フランスでは「男女同数」の概念をめぐって長く議論され、ついに2000年にパリテ法が制定された[6]。議会における男女同数を謳ったパリテ法施行により、多くの女性政治家が生まれた。また政治の領域に限らず、その他の分野においても男女同数を目指す動きが生まれた。

近年の企業による男女同数での採用、ないしは管理職男女同数への努力は、2000年のパリテ法制定が大いに影響している。パリテ法はクォーター制とも異なり、フランスが伝統とする「普遍主義」の独自の哲学のもとに実現した法律である。フランスにおいては、性別割当制であるクォーター制は「憲法的価値を有する諸原則 ［…］ に対立すること」（糠塚 2005：193）等を理由に憲法院が違憲と判断した経緯がある。これにともなって、国内では男女平等の再確認の契機が生まれた。一方で、男女の数を同じにするだけで、果たして「男女平等」と言えるかどうかなどの議論も展開された。パリテ賛成派はS. アガサンスキ、G. アリミ、J. クリステヴァ、P. ブルデューなどで、パリテ反対派はE. バダンテール、L. フェリー、F. モントレノなどである。

(5) パリテ法（2000年）の影響

パリテ法制定の影響は大きく、議会の議員同数のみならず、公的機関から民間企業に至る様々な分野において男女同等の現状調査があらためて行われた。パリテ導入が果たしてそれまでの男女平等原則に取って代わるものなのかどうかについての議論も大いに展開された。そのうえで、両性の職業にお

表 9-10　男女共同参画に係る主な取組（行政分野）の１つとしてのジェニソン法

男女間の職業平等に関する2001年5月9日の法律（通称ジェニソン法）	民間部門及び公務員の職業における男女平等を定める。公務員については、1983年7月19日の公務員の権利と義務に関する法律を改正し、公務員に対する平等原則確保についての規定を追加している。公務員の採用等について、「男女の均衡のとれた代表を確保するため、男女の間で区別をすることができる」とポジティブ・アクションを明示。

出典：内閣府男女共同参画局（2015）「女性リーダー育成に向けた諸外国の取組に関する調査研究」より抜粋引用。

ける平等を謳う「ジェニソン法」[7]や男女同額の給与支給法などが提案され採択された。

　これにより、企業でも管理職の男女同数が求められるようになり、その後のカードル領域での女性数増加につながっている。このように、2000年のパリテ法制定（制定に至るまでの議論の時期も含めて）が、高等教育を受ける女性の増加や管理職における女性の増加の社会的支えを形成しているのは事実である。

(6) エリート社会は女性に有利か

　フランスではカードルと学歴が密接に結び付いている。それゆえ、フランスのホワイトカラーのシステムは、その閉鎖的な性格や癒着を生み出す土壌の指摘など、長年、批判も多く、見直しの議論も活発だ。しかし、結局、今日に至るまでそのままになっている。

　第二次世界大戦後、フランスは国力を高めるためにエリート教育に力を入れ、官僚制度や企業の上層部の充実を図ってきた。近年、そこで女性が多く活躍するようになってきた。それでは、高学歴と結び付いたエリート社会の中で、出産や子育てを経験する女性は、キャリア形成の際に不利にならないだろうか。キャリアが中断されて、男性に遅れを取ることはないだろうか。最後にこの点について触れておきたい。

　これまで見てきたように、フランスではグランゼコールないしはグランゼコール準備級に進学する年齢は18歳くらいなので、だいたいその年齢で将来の進路が見えてくる。すなわちエリートを選抜するフランスの教育システムは、人生における「早い選抜」である。これは女性の出産や子育てといっ

たライフ・イベントに先行する人生の選択である。例えば日本のように、管理職就任が一定期間の経験を積んだ後になると、女性は出産や子育てで、キャリアが中断されるために、男性より不利になる場合がある。18歳で人生の見通しの立つ「早い選抜」は、女性にとっては都合が良いと言えよう。いったん人生の大枠を組み立てたうえで、出産や子育てに向き合うことができる。

一方で、フランスの社会システムでは、男女ともに高学歴であれば、卒業後すぐにカードルとして採用され得る。高学歴と結び付いたエリート社会は、エリート教育を受けた女性にとっては、自己実現しやすい社会かも知れない。

これに関連して、三谷・脇坂（2016：29）はフランスのような「早い選抜」や、学歴が管理職昇進に与える影響が強い国においての方が、女性管理職比率が高いという旨の興味深い指摘をしている。この点に関しては、日本とフランスでは社会の仕組みそのものが大きく違うとはいえ、日本も学ぶことが少なくないのではないだろうか。

4. おわりに

フランスでは高等教育に関心が高かった女性だが、これまでは文系領域に集中していた。しかし、2010年ごろから理系の難関であるエンジニア校に進む女子学生が増えている。これはエンジニア系のエリート層への就職先が、女性にも開かれ始めたことと関連している。そして、パリテ法の採択など社会の変化がこれらの動きを支えている。その結果、管理的職業従事者に占める女性の比率は着実に高まっている。エリート教育を受けた女性たちの社会進出は、カードルに占める女性の割合の高まりを見る限り、充実しつつあると言える。

エリート社会においては若いうちに進路選択を余儀なくされるが、この社会システムは女性の人生に、むしろ都合が良い。フランス社会において、カードルは閉鎖的だとの批判もあるが、女性が増えることにより柔軟性が生まれ、これまでのエリート社会の課題を克服していく可能性がある。

フランスエリート社会は、日本の「新しいリーダー像」形成の参考になる

かも知れない。

注
1) 最初は土木学校（École des ponts et chaussées）で1747年創立。
2) 1985年、国民教育大臣シュベーヌマン（J.P.Chevénement）が「18歳人口の80％をバカロレア水準へ」という教育政策目標を提唱した。
3) バカロレア取得後、2年間のグランゼコール準備級を修了し、グランゼコール入学の選抜試験を受けるのが一般的。高等学校のなかにある。
4) INSEE : L'Institut National de la Statistique et des Études Économiques（フランス国立統計経済研究所）。http://www.insee.fr/fr/
尚、INSEE は1954年から「カードル」という用語を用いている。
5) 2000年のパリテ法制定の影響で2001年のアンケート実施人数が多かった。
6) 1996年6月、ジョスパン首相により提案され、シラク大統領のもとで可決された。
「パリテ法（2000）」
（https://www.legifrance.gouv.fr/affichTexte.do?cidTexte=JORFTEXT000000400185, 2018/05/15 アクセス）.
7) 「ジェニソン法（2001）」
（http://www.gender.go.jp/research/kenkyu/pdf/iv/02.pdf, 2018/05/15 アクセス）.

引用文献（著者アルファベット順）
葉山滉（2008）『フランスの経済エリート　カードル階層の雇用システム』日本評論社.
三谷直紀・脇坂明（2016）「女性管理職比率の国際比較――日仏比較を中心に――」『岡山商大論叢』（51），29-50.
文部科学省（2017）「諸外国の教育統計」
内閣府男女共同参画局（2015）「女性リーダー育成に向けた諸外国の取組に関する調査研究」
糠塚康江（2005）『パリテの論理――男女共同参画の技法――』信山社.

編集後記

　女性文化研究叢書第11集は、「ダイバーシティと女性」を主題に据え、総論に続き9本の論文を収録した。

　「総論　ダイバーシティと女性——リーダーシップの新しいスタイルを求めて——」（執筆者：坂東眞理子女性文化研究所所長、昭和女子大学理事長・総長）では、1980年代半ば以降の経済社会の動向並びに女性政策を整理した上で、21世紀の社会のあり方として不可欠になっているダイバーシティ＆インクルージョンの重要性を述べている。多様化が進む社会・集団の中で期待される女性のリーダーシップの特質を、男性のリーダーシップとの比較やリーダーシップの類型から論じ、世界のチェンジメーカーとなる新しい女性リーダー養成に向けて女子大学が果たすべき役割と今後の課題を提起している。

　第Ⅰ部では「ダイバーシティ経営と女性のリーダーシップ」に関する論文を5本収めた。このうち第1章から第3章は、2016年4月に発足した昭和女子大学ダイバーシティ推進機構の会員企業の女性社員と本研究所等に属する研究者がメンバーとなった「産学連携ダイバーシティ研究会」（2016年10月～2019年3月）による研究成果の一部である。

　「第1章　企業におけるダイバーシティ経営の推進と女性のキャリア形成」（森論文）では、「産学連携ダイバーシティ研究会」の研究視点と用語の整理を行った後、企業アンケートと社員アンケートの結果をまとめている。本「調査」研究からは、女性がキャリアを形成しその活躍を通して企業や社会の発展に貢献するためには、「女性の意識改革」「多様な働き方の導入」「管理職やチームリーダーへの女性の登用」「女性のキャリア形成に対する管理職の理解促進」「全社員のワーク・ライフ・バランスの促進」といった施策に重点的に取り組むべきことが明らかにされている。また、「ダイバーシティ経営」の理念に沿った働き方関連の制度の整備・改革が今後の課題として示されている。

「第2章　ダイバーシティ経営における女性の活躍とリーダーシップ——グッド・プラクティス企業と女性社員へのインタビューから——」（伊藤・斎藤論文）では、まず「企業アンケート」「社員アンケート」の要素から抽出されたダイバーシティ経営における女性活躍のグッド・プラクティス企業の選定要素と選定結果が示される。次に、選定された3社の特徴およびそれぞれの企業が「活躍している」と考える女性社員に対して行われたインタビュー調査の結果を述べている。最後にインタビュー結果をもとに、女性のキャリア形成とリーダーシップに関連する要因として「職場環境と制度の整備」「良好な人間関係の構築」「働くことに対する自己認識」「リーダーシップのとらえ方」の4つがあることが提示されている。

「第3章　女性活躍推進の取り組みが社員の意識と満足度に与える影響」（小森・大橋論文）では、「企業アンケート」結果から「女性活躍得点」を算出し、女性活躍の取り組みが進んでいる企業の社員の回答傾向を検証している。女性活躍推進に関する会社の取り組みのレベルと社員のワーク・ライフ・バランス、男性管理職の仕事や生活の満足度が関係しているという分析結果は興味深い。また、女性社員に焦点を当てた分析結果として、「総合満足度」や「仕事満足度」は管理職の方が高いことが示された。女性社員の満足度を高めるためには「ダイバーシティ経営の推進施策の実施」「それらの実効性と実態が社員に実感できること」「職場で承認されていると感じられていること」が重要であると著者らは指摘する。

「第4章　福祉現場におけるダイバーシティ・マネジメントとリーダーシップ——先進事例からの考察——」（北本論文）は、女性が多く働く福祉現場において求められるダイバーシティ・マネジメントとリーダーシップのあり方を検討したものである。シニアや外国人、障がいのあるスタッフ等多様な人材を雇い入れている社会福祉法人において行った調査結果から、経営のトップが理念を言語化してスタッフの一人ひとりと共有することや多様なスタッフに対する公平な評価の必要性が明らかにされている。その一方で、経営のトップのみならず、一人ひとりが仕事や私生活など人生のすべての領域でリーダーシップを発揮するという「トータル・リーダーシップ」を育み地

域社会づくりに参画していくという今後の課題も見出されている。

「第5章　少数派メンバーのリーダーシップが組織にもたらす影響——女性リーダーは組織を変えるか——」（本多論文）は、社会心理学、産業・組織心理学の立場から、組織集団の少数派メンバーがリーダーシップをとりにくい理由および少数派のリーダーシップが集団にもたらす影響を考察した論文である。前者については集団における類似性に価値が置かれたり、ある種のプロトタイプに合わないリーダーを認めにくかったりすることにより、少数派メンバーがリーダーシップをとりにくい状態に置かれる傾向があることが示される。後者については、少数派が集団内に緊張をもたらす一方で多様性による利益をもたらすことが明らかにされる。

第Ⅱ部「女性のリーダーシップ育成の課題」には4本の論文が収録されている。

「第6章　女性農業者のリーダーシップ形成と地位向上に向けた取り組み」（粕谷論文）では、農村における女性農業者の地位向上のプロセスがリーダーシップを切り口に整理されたのち、農業者のフォーマルなリーダーとして県知事から認定されている「農村生活マイスター」への独自アンケート調査の結果および「農業の未来をつくる女性活躍経営体100選（WAP100）」におけるダイバーシティ・マネジメントの事例が示される。これらの作業から女性農業者のリーダーシップ育成の課題として、変化しつつある社会に対応できるよう、学習を継続し、新しい価値や施策を柔軟に理解し、自らの活動を地域に位置付けていくような主体性が女性農業者自らに求められるとする。

「第7章　女子大学のリーダーシップ開発における実務経験教員の役割」（今井論文）は、実務経験も持つ教員（実務経験教員）が多く在籍する本学グローバルビジネス学部に所属する著者が、同学部卒業生に対して行ったアンケート調査および同学部の実務経験教員に対して行ったインタビュー調査の結果から、女子大学生のリーダーシップ育成における実務経験教員の役割を考察したものである。その結果、学生は実務経験教員が組み立てた企業との連携によるプロジェクトに参加し、現在の職業生活に直結するような経験ができたことを評価していた。また、社会に出てからのリーダーシップに関して具

体的な学習のニーズがあることが明らかにされた。実務経験教員はビジョンを示しチームビルディングを大切に考えるリーダーシップスタイルを学生に育もうとしていることが窺えた。

「第8章　女性リーダーの資質とその育成——昭和女子大学・リーダーズアカデミーの実践と課題——」（友野論文）では、2012年に坂東学長（当時）の発案・企画によりオナーズクラスとして発足した「リーダーズアカデミー」の軌跡を振り返り、学年や専門性を異にする学生たちが社会の第一線で活躍するリーダーの講義に触れ、プロジェクト活動を通して得た学び等に関する事例分析を行っている。同アカデミーの成果として、多様な仲間と共通の目標に向けて協働することによる自己理解の深まりや、大学内外の「異質なもの」との出会いを通して社会を知ること、様々なリーダーに触れることにより自らの適正に合ったリーダーシップを選び、獲得していく契機となっていることなどが挙げられている。

「第9章　フランス社会の指導的立場への女性の進出——エリート教育を受ける女性の増加——」（吉川論文）は、フランス社会のエリート層であるカードル（cadre）に占める女性の割合の変化や女性の高等教育機関の就学率の変化等を既存の統計調査の加工分析により明らかにしたものである。議会における男女同数を謳った「パリテ法」の施行が、公的機関や民間企業の男女同数での採用や管理職における男女同数の登用に及ぼした影響は大きく、同法がカードルの女性割合を増加させている一要因になっている事実は興味深い。また、人生の早い段階でエリートを選抜するフランスの教育システムは、女性にとって出産や育児によるキャリアの中断を生じにくくさせていることを指摘する。

本書刊行にあたり、お世話になりました御茶の水書房の橋本盛作社長、編集担当の小堺章夫氏に感謝申し上げます。

『女性文化研究叢書第11集』編集委員会

執筆者紹介 (執筆順)

坂東眞理子（ばんどうまりこ）　生活機構研究科教授
　　　　　　　　　　　　　　　女性文化研究所所長

森　ます美（もりますみ）　　　生活機構研究科特任教授
　　　　　　　　　　　　　　　女性文化研究所所員

伊藤　純（いとうじゅん）　　　生活機構研究科准教授
　　　　　　　　　　　　　　　女性文化研究所所員

斎藤　悦子（さいとうえつこ）　お茶の水女子大学基幹研究院准教授
　　　　　　　　　　　　　　　女性文化研究所特別研究員

小森亜紀子（こもりあきこ）　　グローバルビジネス学部専任講師
　　　　　　　　　　　　　　　女性文化研究所所員

大橋　重子（おおはししげこ）　現代ビジネス研究所研究員

北本　佳子（きたもとけいこ）　生活機構研究科教授

本多ハワード素子　　　　　　　生活機構研究科准教授
（ほんだはわーどもとこ）　　　女性文化研究所所員

粕谷美砂子（かすやみさこ）　　生活機構研究科准教授
　　　　　　　　　　　　　　　女性文化研究所所員

今井　章子（いまいあきこ）　　グローバルビジネス学部教授
　　　　　　　　　　　　　　　現代ビジネス研究所所員

友野　清文（とものきよふみ）　生活機構研究科教授
　　　　　　　　　　　　　　　女性文化研究所所員

吉川佳英子（よしかわかえこ）　愛知工業大学教授
　　　　　　　　　　　　　　　女性文化研究所特別研究員

企画・編集委員一覧

委員長　坂東眞理子（生活機構研究科教授　　女性文化研究所長）
　委員　掛川　典子（生活機構研究科教授　　女性文化研究所副所長）
　　　　森　ます美（生活機構研究科教授　　女性文化研究所員）
　　　　志摩　園子（生活機構研究科教授　　女性文化研究所員）
　　　　藤崎　春代（生活機構研究科教授　　女性文化研究所員）
　　　　伊藤　　純（生活機構研究科准教授　女性文化研究所員）
　　　　島﨑　里子（文学研究科准教授　　　女性文化研究所員）

　　　　　企画・編集事務担当　轡田葉穂子（女性文化研究所勤務）

昭和女子大学女性文化研究叢書　第11集
ダイバーシティと女性――新しいリーダーシップを創る――
2019年2月25日　第1版第1刷発行

編　者　昭和女子大学
　　　　女性文化研究所

発行者　橋本　盛作

発行所　株式会社　御茶の水書房
〒113-0033 東京都文京区本郷 5-30-20
電話　03-5684-0751
FAX　03-5684-0753

印刷・製本　東港出版印刷（株）

Printed in Japan

ISBN978-4-275-02101-4 C3036

昭和女子大学女性文化研究叢書 第三集
女性文化とジェンダー
昭和女子大学女性文化研究所【編】
A5判 二七〇頁 四八〇〇円

昭和女子大学女性文化研究叢書 第四集
ベーベルの女性論再考
昭和女子大学女性文化研究所【編】
A5判 三一〇頁 五六〇〇円

昭和女子大学女性文化研究叢書 第五集
輝く女性たち——光葉の三五名
昭和女子大学女性文化研究所【編】
A5判 二四〇頁 二六〇〇円

昭和女子大学女性文化研究叢書 第六集
女性文化と文学
昭和女子大学女性文化研究所【編】
A5判 三三〇頁 四五〇〇円

昭和女子大学女性文化研究叢書 第七集
女性と仕事
昭和女子大学女性文化研究所【編】
A5判 三四六頁 四六〇〇円

昭和女子大学女性文化研究叢書 第八集
女性と情報
昭和女子大学女性文化研究所【編】
A5判 二八四頁 四六〇〇円

昭和女子大学女性文化研究叢書 第九集
女性と家族
昭和女子大学女性文化研究所【編】
A5判 二九〇頁 四六〇〇円

昭和女子大学女性文化研究叢書 第十集
女性とキャリアデザイン
昭和女子大学女性文化研究所【編】
A5判 二四八頁 四六〇〇円

フェミニズムと労働の間
——コンパラブル・ワース運動の意義——
リンダ・ブルム【著】
森ます美／居城舜子／川東英子／津田美穂子／川島美保／中川スミ／伊藤セツ／杉橋やよい【共訳】
A5判 三四〇頁 五二〇〇円

職場類型と女性のキャリア形成〈増補版〉
脇坂 明【著】
A5判 二四六頁 三二〇〇円

御茶の水書房
（価格は消費税抜き）